Collection Témoins

Daniel Cordier

avec Paulin Ismard

De l'Histoire à l'histoire

nrf

GALLIMARD

AVERTISSEMENT

Ce livre est né d'une rencontre improbable entre Paulin Ismard et Daniel Cordier. Un jeune historien de la Grèce antique, professeur à la Sorbonne, s'est passionné pour l'aventure historique et historienne de ce grand acteur et témoin qui devint secrétaire de Jean Moulin par hasard, marchand d'art par passion et historien par accident.

Pendant trois ans ils se sont vus, se sont parlé longuement, ont enregistré leurs conversations. Ce sont ces entretiens, transcrits par Paulin Ismard et repris par Daniel Cordier, qui ont fourni la matière de ce livre.

Nous nous sommes accordés pour penser qu'il était meilleur de retirer les questions pour mieux laisser se faire entendre la voix si personnelle de l'auteur d'*Alias Caracalla*.

Pierre NORA,
directeur de la collection « Témoins ».

CHAPITRE I

Un long silence

Je suis resté silencieux durant plus de trente années sur la Résistance. Aussi étrange que cela paraisse, le passé — en particulier mon passé — ne m'intéresse pas : je le considère comme une nécropole et n'ai aucun goût pour les morts. Même si la tragédie vécue par mes camarades disparus est profondément enracinée dans ma mémoire, les événements atroces auxquels j'ai été mêlé ne me concernent plus. J'avais vingt-cinq ans en 1946, et c'est alors qu'a commencé ma « vraie » vie, entièrement consacrée à l'art contemporain.

Ce long silence tient d'abord à l'expérience de ma génération : les anciens combattants de « 14-18 » avaient empoisonné notre jeunesse. Ayant perdu la leur au front, ils s'étaient vengés sur nous par une phrase rituelle : « Tu pourras parler quand tu auras fait la guerre. » C'était sans appel.

Dans mon milieu familial, nationaliste et maurrassien, la patrie était une valeur fondamentale. Tout enfant, j'ai vécu le deuil commun à presque toutes les familles françaises : deux oncles de vingt et vingt-trois ans morts à la guerre ; mon père prisonnier pendant plus de trois ans ; mon beau-père (second mari de ma mère), présent à Verdun, grand mutilé et vouant une admiration inébranlable à Pétain... C'était une enfance en noir, celui du deuil des mères et des veuves. Les premiers mots de mon vocabulaire furent *tran-*

chées, obus, prisonniers, blessés, morts. C'était la panoplie, somme toute banale, d'une famille française de l'entre-deux-guerres.

Dès juillet 1940, quelques jours après avoir foulé le sol britannique, j'ai décidé de ne pas imiter ces anciens combattants lorsque la guerre serait finie : jamais je n'en parlerais ! Cette promesse n'avait rien d'original. J'ai consigné dans mon Journal, rédigé dès mon arrivée en Angleterre, plusieurs conversations avec des camarades de mon âge qui l'attestent.

Nous avions une grande admiration pour la soixantaine de volontaires, officiers et sous-officiers, qui s'étaient battus en Norvège et avaient rallié la France Libre. Parmi eux se trouvait un certain Paul Schmidt, sergent-chef alsacien qui avait gagné la croix de guerre. Je me souviens d'un soir où, alors que nous évoquions son cas, l'un d'entre nous s'est exclamé : « Quoi qu'il arrive, nous ne deviendrons jamais des anciens combattants ! » Nous étions unanimes : la guerre était notre jeunesse, mais quand elle serait finie, nous pourrions commencer notre vie. C'était à la fin de juillet 1940 !

J'espère que nous n'avons pas inspiré aux jeunes d'après-guerre le sentiment de mépris que nous éprouvions pour nos aînés. Je n'en suis pas certain.

Après la Libération, j'ai en tout cas tenu parole. Ayant évacué la guerre de mon passé, je n'ai participé à aucune cérémonie et n'ai lu aucun livre sur le conflit mondial, pas même les Mémoires du général de Gaulle, mon chef ! De même, je me suis délibérément éloigné de la plupart de mes camarades de la France Libre et de la Résistance. Avec ceux, très rares, que j'ai continué de voir, nous n'avons jamais parlé de la guerre.

En juin 1940, dès les premiers jours de mon arrivée à Londres, j'ai noué une très forte amitié avec François Briant, novice chez les Pères blancs. J'avais effectué de mon côté un retour à la religion, et nous parlions régulièrement de la foi.

Recruté comme radio, c'est lui qui, en juillet 1941, m'a mis en contact avec le BCRA (Bureau central de renseignements et d'action). Après avoir été formés ensemble, nous avons été parachutés le même jour en France, où nous nous sommes revus plusieurs fois pendant la guerre. Trahi par un « courrier », il a été arrêté en avril 1943 et déporté à Buchenwald puis à Dora. À son retour, en 1945, après deux ans de captivité, il a vécu plusieurs semaines chez moi, à Paris. Nous avons beaucoup parlé, mais pas du passé !

En février 1942, j'ai rencontré à Thames Park Maurice de Cheveigné, un extraordinaire radio. Nous suivions tous les deux notre formation d'agent. Après deux missions en France auprès de Jean Moulin puis de Raymond Fassin, il a été arrêté, puis déporté à Sachsenhausen en 1944. À son retour des camps, il est venu lui aussi habiter chez moi quelque temps. Je l'ai ensuite revu à plusieurs reprises lors de ses passages à Paris, alors qu'il faisait partie des troupes d'occupation de l'Allemagne. Nous nous sommes à nouveau retrouvés bien plus tard, dans les années 1960 et 1970. Notre amitié était intacte. Pourtant, la guerre n'a jamais été un sujet de conversation entre nous.

J'ai rencontré Stéphane Hessel en avril 1941 à Camberley. En 1944, lors de mon retour à Londres après ma mission en France, j'ai fait la connaissance de sa femme Vitia. Je me souviens de la longue attente avec elle, en 1945, du retour de Stéphane de déportation. Nous étions très amis tous les trois. Bien que nous soyons restés intimes après la guerre, nous n'évoquions pas notre engagement dans la France Libre. Il a fallu attendre le début de mes travaux d'historien pour que ce souvenir soit l'objet de nos conversations. En 1983, à l'issue de ma première conférence consacrée à Moulin à la Sorbonne, Vitia et Stéphane, tous deux présents, m'ont invité à déjeuner : pour la première fois j'ai interrogé Stéphane sur ses activités au sein de la France Libre. L'historien que j'étais devenu souhaitait connaître *sa* guerre. Jusqu'à cette date, j'ignorais tout de sa mission, comme il ne connaissait rien de la mienne.

Le trésor secret d'une vie

Briant, Cheveigné, Hessel : ma fréquentation des résistants s'est limitée pour l'essentiel à ces trois amitiés, ce que certains de mes anciens camarades n'ont pas manqué de me reprocher, parfois violemment. Je songe en particulier à Suzette Olivier, plus jeune que moi, dont la mère, Mme Moret, et son mari m'ont hébergé à Lyon, après mon parachutage en 1942. J'ai dit dans *Alias Caracalla* leur rôle décisif dans l'organisation du secrétariat de Moulin. Durant ma mission, si loin de ma famille, ils m'ont accueilli comme leur fils. Suzette était dans mes services alors que sa mère, tout en m'hébergeant, travaillait pour le Deuxième Bureau de Vichy ! Ces deux femmes admirables ont été arrêtées en 1943 et déportées l'année suivante. À leur retour des camps, nous nous sommes souvent revus, avant que nos chemins ne s'éloignent. Suzette a continué de m'écrire de longues lettres, auxquelles je ne répondais que trop rarement. Son expérience de la déportation en avait fait une fidèle des cercles d'anciens résistants. Ils se rencontraient régulièrement, organisaient des banquets, des conférences ou des voyages pour revoir tel ou tel lieu qui avait compté. Dans ses lettres, Suzette me reprochait mon absence.

Mon silence sur le passé n'était pas l'oubli de ce que nous avions vécu. Je me reconnais pleinement sur ce point dans un texte écrit en 1953 par Jean Cassou, un résistant qui était, avant moi, amateur d'art moderne. Dans la France des années 1950, il évoquait la difficulté de raconter notre expérience de la guerre : « Pour chaque résistant, la Résistance a été une façon de vivre, un style de vie, la vie inventée. Aussi demeure-t-elle dans son souvenir comme une période de nature unique, hétérogène à toute autre réalité, sans communication et incommunicable, presque un songe. Il s'y rencontre lui-même à l'état entièrement libre et nu, une inconnue et inconnaissable figure de lui-même, une de ces personnes que ni lui ni personne n'a depuis jamais retrouvées et qui ne furent là en relation qu'avec des conditions singulières et terribles, des choses disparues, d'autres fantômes ou des morts[1]. »

Cassou formule la raison principale qui explique mon silence durant cette longue période. Si je n'ai jamais évoqué la guerre, c'est parce qu'elle est le trésor secret de ma vie. L'élan fraternel qui nous unissait et nous a fait accomplir dans l'action les actes les plus dangereux est l'arcane même qui enferme toute ma jeunesse.

« La Résistance était un bloc. » Cette affirmation répétée, que mille faits historiques contredisent, contient une vérité intime : celle de nos souffrances partagées. La clandestinité exigeait un fractionnement de nos activités en groupes de quelques personnes. Mais ce que chacun d'entre les résistants nomme dans son cœur « la Résistance », ce sont les camarades à qui il était soudé par la fraternité de la peur et de l'espoir. Si, au-delà des mots, j'essaie de scruter l'obscurité de ma mémoire, apparaissent d'abord pour moi, en Angleterre, mes compagnons de la France Libre de juin 1940 puis, à partir de juillet 1942, la vingtaine de volontaires qui m'ont aidé, à tout va, en France, dans la tâche qui nous avait été assignée.

Aussi comprendra-t-on le souvenir lumineux que je conserve de cette période atroce. Je crois que, dans tous les

1. Jean CASSOU, *La Mémoire courte*, Éd. de Minuit, 1953.

autres groupes de la clandestinité, qu'ils aient ou non fait de la politique, il en est allé de même. Chacun d'eux a connu le sentiment d'une unité réelle, en dépit, bien souvent, d'une grande diversité : les étoiles n'ont pas besoin d'être identiques pour illuminer la même nuit. C'est pourquoi, lorsque l'on touche à la Résistance, chaque ancien résistant se sent atteint dans sa propre existence. En dépit de tout, nous étions unis contre ceux que nous avons combattus et dont nous sommes séparés à jamais par la muraille des corps de nos martyrs.

Ce simple fait est sans doute difficilement compréhensible, mais aujourd'hui encore, avec les camarades que je rencontre de temps à autre, nous ne parlons pas de la Résistance. Nous savons pleinement ce qui nous a unis et qui demeure entre nous : le moindre mot serait une trahison du passé. Si vous vivez un grand amour, vous n'en parlez pas. Une fois mort, il devient le rêve d'un passé regretté. Il en va de même des œuvres d'art : que dire devant le Parthénon ou la cathédrale de Chartres ? J'ai passé des heures dans cette dernière en y vivant une expérience esthétique incommunicable : celle d'un arrachement à soi-même. Ces heures sont fragiles, on peut les détruire ; seul le silence est capable de les conserver.

En exil dans son propre pays

Le silence était aussi la seule réponse à apporter à tous les mensonges qui fleurissaient dans la société des années 1950 pour faire croire que la France avait été résistante. Pourquoi n'ai-je pas évoqué la guerre durant ces années ? Parce que c'était un secret, je l'ai dit, mais aussi parce que je craignais que les gens mentent en me racontant « leur » guerre. J'ai vu comment les Français se sont conduits pendant l'Occupation, puis j'ai entendu comment ils en ont parlé après-guerre : comique et honteux.

Juste après la Libération, je suis revenu vivre près de Bordeaux, dans la propriété de mon grand-père. Ce retour dans le milieu de mon enfance a été particulièrement éprouvant. Hélas, il est plus facile de vaincre les Boches que de changer de vocabulaire : ma famille parlait toujours des « Youpins » ! Mon père était mort en 1943. Mon beau-père, président de la confédération patronale des Basses-Pyrénées, avait été vichyste. Heureusement, il avait aidé la Résistance en cachant des automitrailleuses et des armes, ce qui lui valut d'être épargné durant l'épuration, contrairement à la plupart de nos relations. Notre médecin et ami, le docteur Vallet, mais aussi le curé de notre village, le maire de Pau, tous ont été emprisonnés. Quant à mes camarades d'Action française, la guerre avait rompu tout lien d'amitié entre nous. Je n'ai revu que l'un d'entre eux, devenu un grand médecin à Paris. C'est lui qui avait refusé de me rejoindre dans la Résistance en 1942 parce qu'il admirait Pétain d'avoir « débarrassé » la France des Juifs[1].

Âgé de vingt-cinq ans et sortant d'une guerre éprouvante, je n'ai pas trouvé la force de rompre avec ma famille. Surtout, je ne pouvais oublier que mon beau-père — responsable de mon antisémitisme originel — m'avait permis de m'en débarrasser puisque c'est grâce à lui que j'avais pu embarquer à Bayonne, le 21 juin 1940, sur le *Léopold II*, qui m'avait conduit en Angleterre. Un accord tacite nous interdisait d'évoquer ce passé, et ma mère est morte à soixante-dix ans, en 1968, sans avoir su ce que j'avais fait durant la guerre.

1. Voir Daniel CORDIER, *Alias Caracalla*, Gallimard, « Témoins », 2009, pp. 441-449 (« Folio », pp. 542-552).

Ainsi avais-je le sentiment de vivre en exil dans mon pays. J'ai d'ailleurs eu envie de fuir aux États-Unis pour changer de milieu et de vie. Je regrette parfois de ne pas l'avoir fait. En 1956, après l'ouverture de ma galerie, j'ai noué de nouvelles relations (amateurs d'art, collectionneurs, peintres) et découvert un nouveau milieu professionnel. Personne ne savait que j'avais fait la guerre, à tel point qu'un de mes clients, grand amateur d'art, qui, après-guerre, s'était exilé au Brésil, me dit un jour : « Cela m'a fait plaisir d'apprendre que vous aviez été "collaborateur" pendant la guerre ! » Que pouvais-je répondre au moment où il m'achetait un tableau ?

Je me souviens à l'inverse d'une conversation avec mon banquier, Élie de Rothschild, qui était devenu un ami. Nous avions à peu près le même âge, et il avait été prisonnier pendant toute la guerre. Au cours d'un déjeuner, il m'apostropha : « Vous êtes un cachottier. Il paraît que vous étiez à Londres avec de Gaulle. Racontez-moi. » Je lui ai répondu qu'il n'y avait rien à raconter.

Le Club Jean Moulin

Durant toutes ces années, j'ai néanmoins renoué en de brèves occasions avec le monde résistant. Ce fut le cas en 1958 lorsque j'ai fondé avec Stéphane Hessel le Club Jean Moulin. Pour comprendre ces années d'après-guerre, une distinction essentielle s'impose. En juin 1940, j'ai compté parmi les premiers volontaires du général de Gaulle, et si je peux dire que j'ai été « gaulliste », ce n'est évidemment pas dans le sens que ce mot prit par la suite. Cette réserve ne change rien à la place du Général dans ma vie. Mais, à partir du discours de Bayeux, en 1946, et de la fondation du RPF, en 1947, tout était fini. La guerre avait fait de moi un homme de gauche : de Gaulle incarnait la réaction.

Pendant la Résistance, j'ai travaillé avec Claude Bourdet, qui était membre du comité directeur de Combat. D'un caractère distant, Bourdet était d'une grande droiture morale. J'ai été un lecteur assidu de son journal, *L'Observateur*, depuis son premier numéro, en 1950. Après la guerre, nous n'avons jamais évoqué la Résistance : c'était l'avenir de la gauche qui nous passionnait.

En mai 1958, j'avais une petite galerie rue Duras. De Gaulle s'apprêtait à revenir au pouvoir grâce aux généraux d'Alger. Bourdet me téléphona : « Es-tu partisan de l'arrestation de De Gaulle ? » Je répondis sans l'ombre d'un doute : « Oui, tout de suite. » J'étais de gauche, tout était simple : je craignais que le retour du Général ne soit le prélude à la dictature. C'est d'ailleurs en 1958 que j'ai voté pour la première fois de ma vie — contre celui qui avait été mon chef !

Le lendemain, un camarade que je n'avais pas revu depuis la guerre a débarqué à la galerie avec un jeune homme de vingt-huit ans, Alain Aptekman, héritier d'une immense fortune. C'est chez lui, avenue Henri-Martin, que se sont réunis les premiers fondateurs du Club Jean Moulin. Notre projet était en premier lieu de lutter militairement contre la « dictature » gaulliste : il fallait trouver des armes pour sauver la République ! Mais le président Coty appelant de Gaulle au pouvoir, l'option militaire s'est révélée vaine. J'ai alors suggéré à Stéphane Hessel que le club devienne un cercle de réflexion pour la gauche démocratique. C'est Hessel qui, dès lors, a contribué à son développement en y agrégeant des hommes qui venaient des milieux diplomatiques et de la haute fonction publique, comme Michel Rocard. Le plus souvent, ces hommes avaient été trop jeunes pour la Résistance, à l'exception de quelques-uns, comme Étienne Hirsch ou Simon Nora.

Le Club a connu rapidement le succès parmi l'intelligentsia de gauche, même si les premiers fondateurs, partisans de la lutte armée, se sont sentis peu à peu marginalisés : on ne parlait jamais de mitraillettes ! Pour ma part, j'y suis resté plusieurs années et y ai beaucoup appris, car je ne suis pas un intellectuel. Ma galerie connaissait à l'époque une telle expansion que j'ai ouvert une antenne à New York en 1960 : là était ma vie. Après la fin de la guerre d'Algérie, n'ayant plus de temps disponible, j'ai cessé de participer à la vie du Club.

La cérémonie du Panthéon

En décembre 1964, lors du transfert des cendres de Jean Moulin au Panthéon, j'ai revu certains de mes camarades. En tant que Compagnon de la Libération, j'avais été choqué de ne pas recevoir d'invitation pour cette cérémonie, dont j'appris l'existence par les journaux ! Comme je n'étais convié à aucune rencontre, mes camarades avaient sans doute perdu ma trace. J'ai écrit une lettre au chancelier expliquant qu'ayant travaillé avec Jean Moulin j'aurais aimé être présent ce jour-là. Invité *in extremis*, j'ai été choisi avec plusieurs camarades pour monter la garde devant le cercueil, d'abord le 18 décembre au Mémorial des martyrs de la déportation[1], puis durant la nuit devant le Panthéon.

Le lendemain, j'étais au pied du grand escalier pour écouter le discours de Malraux : c'était la première cérémonie officielle à laquelle j'assistais. Elle fut terriblement émouvante. Le temps avait fait à Malraux un écrin de rêve : ciel bas, froid de glace. De ma place, parmi les Compagnons, je voyais le radia-

1. À la pointe de l'île de la Cité.

teur installé sous son pupitre pour lui réchauffer les pieds ! Durant toute la cérémonie, il fit un vent terrible. Pour que la foule puisse entendre le discours, les organisateurs avaient suspendu de grands haut-parleurs, qui se balançaient sous le vent. L'effet fut prodigieux : la voix de Malraux se perdait, puis revenait tout d'un coup, immense, pareille à celle d'un dieu ! Malraux restait Malraux : il avait peu participé à la Résistance, mais c'était un artiste. Ce jour-là, il rêva son passé, et le ciel fut avec lui.

Premières rencontres avec des historiens

À trois reprises, des mémorialistes ou des historiens ont sollicité mon témoignage. Le premier que j'ai rencontré, Éric Piquet-Wicks, n'était pas un historien de métier, mais un officier de liaison du SOE (Special Operations Executive) chargé des parachutages des soldats français en métropole. En 1945, sur la recommandation du colonel Passy*, alors patron de la DGER[1], il m'a interviewé. Le colonel m'avait expliqué : « Piquet-Wicks s'est mis en tête d'écrire ses souvenirs sur quatre de nos camarades, Jean Moulin, Fred Scamaroni, Henri Labit et Pierre Brossolette. Il m'a dit que vous aviez refusé de le rencontrer pour lui parler de votre ancien patron et m'a demandé de vous convaincre. » Les raisons de mon refus étaient simples : je n'avais pas grand-chose à dire. « Mais vous êtes le seul à connaître les détails de la mission de Moulin, me répondit Passy*. Ce sera une corvée agréable : Piquet-Wicks a un bel appartement, allez dîner avec lui, ça lui fera plaisir. » J'ai donc dîné avec Piquet-Wicks, un homme charmant, qui ne m'était d'ailleurs pas inconnu puisque, en

1. Direction générale des études et recherches.

juillet 1942, c'est lui qui, avec le capitaine Bienvenue*[1], avait organisé mon parachutage. J'avais alors dîné en leur compagnie à deux reprises, le 25 juin et le 24 juillet 1942, la veille de mes deux sauts en France, dont le premier avait avorté. Les derniers mots que m'avait adressés Bienvenue* m'étaient restés en mémoire : « Je serais heureux de vous revoir vivant[2]. »

Piquet-Wicks m'a expliqué d'emblée le sens de son travail sur Moulin : « Si nous ne rappelons pas son action, il sera oublié : dans quelques années, personne ne saura ce qu'était la Résistance. » En m'interrogeant, il s'est surtout montré curieux des détails de la vie quotidienne de Moulin durant la Résistance. Pour me mettre en confiance, il m'a raconté qu'il avait été le premier à l'accueillir à Londres, où personne ne le connaissait. Il m'a livré sa vision du séjour de Moulin : « Il n'était pas gaulliste. Il était venu pour connaître la politique du Général et ses possibilités réelles d'aider la Résistance, qu'il ne voulait pas compromettre dans une aventure fasciste. Les Britanniques souhaitaient le recruter parce que c'était la première fois que l'on pouvait opposer, en France même, un homme d'autorité à de Gaulle. En outre, il était conscient que seuls les Britanniques possédaient les ressources pour aider la Résistance. Lors de notre première rencontre, il hésitait entre eux et de Gaulle. »

J'étais surpris d'entendre cette évocation de mon patron. Certes, j'avais entrevu dans les archives du BCRA quelques notes échangées entre Piquet-Wicks et Bienvenue* à l'occasion du séjour de Moulin à Londres durant l'automne de 1941. Mais ce que Piquet-Wicks m'a dit ce jour-là était plus vivant. Des détails sur ses vêtements, son regard, le ton de ses réparties m'ont aidé à transporter l'homme que j'avais connu

1. Raymond Lagier.
2. Voir D. CORDIER, *Alias Caracalla*, *op. cit.*, p. 296 (« Folio », p. 362).

dans une situation inédite. Après quelques moments, Rex*[1] était présent entre nous...

Tout naturellement, j'ai enchaîné sur cette description, racontant mon travail auprès de lui, son caractère, sa politique, les difficultés qu'il avait rencontrées avec les chefs de la Résistance. Je lui ai ainsi révélé quelques anecdotes sur la mission de Moulin, tel son souhait de devenir ministre des Beaux-Arts après-guerre, qu'il a été le premier à rapporter. J'ai été néanmoins surpris de les retrouver dans son ouvrage[2] à côté d'autres anecdotes, souvent très romancées et parfois inexactes.

Ma deuxième rencontre m'a mis en face d'un historien de métier, Henri Michel. En 1963, celui-ci était au faîte de sa carrière universitaire puisqu'il dirigeait le Comité d'histoire de la Seconde Guerre mondiale. Alors qu'il finissait son ouvrage sur Moulin[3], il avait affirmé à Hessel au cours d'un dîner : « C'est le premier ouvrage sur Jean Moulin. Il contient des révélations sensationnelles. » Hessel lui avait répondu : « Je suis curieux de savoir ce que Cordier vous a raconté sur son patron, parce qu'il n'a jamais rien voulu me dire. » À sa stupéfaction, Michel lui répondit qu'il ne m'avait pas rencontré : « Dans le Comité, nous interrogeons tout le monde, sauf les agents de liaison, les radios, les saboteurs et les secrétaires. C'est une règle : ils étaient trop jeunes à l'époque de leur mission et n'ont rien d'intéressant à dire. »

Après les protestations d'Hessel, Michel prit contact avec moi et vint me voir. Mes archives étaient alors entreposées dans ma cave, qui venait d'être inondée. Le plus grand désordre y régnait. Dans une caisse, j'ai pris quelques dos-

1. Je n'ai connu mon patron que sous divers pseudonymes, dont le plus courant était Rex*. Ce n'est qu'à la fin de la guerre que je découvris sa véritable identité (voir *infra*, p. 115).

2. ÉRIC PIQUET-WICKS, *Quatre dans l'ombre*, Gallimard, 1957.

3. Henri MICHEL, *Jean Moulin l'unificateur*, Hachette, 1964.

siers sur la Résistance. Après les lui avoir donnés, je lui ai demandé de revenir prendre la caisse un peu plus tard : « Vous avez de la chance que ces archives ne soient pas perdues », lui ai-je dit. Il m'a répondu : « Je reviendrai la semaine prochaine. » Je ne l'ai jamais revu !

Michel, comme Piquet-Wicks, s'intéressait davantage aux anecdotes personnelles qu'aux enjeux politiques de la mission de Moulin. Lorsque je lui ai raconté la bataille avec Brossolette, il s'est renfrogné : « Cela n'a pas grand intérêt. Ce sont des héros, qu'importe qu'ils se soient combattus. » J'étais stupéfait. Ces batailles de Moulin avec Brossolette, tout autant que celles avec les chefs des mouvements, avaient pour enjeu le contrôle de la Résistance !

Parmi les documents que je lui ai communiqués se trouvaient les deux projets de Conseil de la Résistance que Moulin avait soumis, à dix jours d'intervalle, aux chefs des mouvements. Ces pièces me paraissaient essentielles, car elles révélaient le projet exact de Moulin à cette époque. Est-ce parce qu'elles n'étaient pas signées ? Est-ce en raison de ma modeste fonction de secrétaire ? Michel a à peine écouté mes explications et, dans son livre, n'y fait aucune allusion.

Mon troisième témoignage est celui que j'ai livré à Laure Moulin alors qu'elle rédigeait la biographie de son frère[1]. Pierre Meunier et Robert Chambeiron lui ayant affirmé que j'étais la personne la plus proche de Moulin durant la guerre, elle m'avait écrit une longue lettre pour m'inviter à venir lui rendre visite à Montpellier. Curieux de voir l'appartement dans lequel son frère avait vécu, je m'y suis rendu. C'était une belle bâtisse de la Grand-Rue, dont elle occupait le premier étage. Originaires de Béziers, les parents de Moulin avaient pris leur retraite dans cette ville, où son père avait

1. Laure MOULIN, *Jean Moulin*, Les Éditions de Paris, 1969.

été conseiller général pendant trente ans. Laure Moulin m'expliqua que, n'ayant pas vécu au milieu de la Résistance, elle avait interrogé Georges Bidault, Meunier, Henri Manhès, Passy*, mais qu'elle souhaitait avoir des détails sur le travail quotidien de son frère à Lyon et à Paris. Elle me posa d'abord des questions sur ma jeunesse, sur ma vie en Angleterre au début de la guerre, enfin sur l'ensemble de mon travail sous les ordres de son frère.

Durant cette visite, ma proximité avec une personne qui avait partagé la jeunèsse de mon patron et l'avait connu jusqu'à sa mort m'a procuré une vive émotion. J'ai fait de mon mieux pour répondre à ses questions. Quelques années plus tard, j'ai reçu son livre, qu'elle m'avait aimablement dédicacé. Ses premières pages, que j'ai dévorées avec avidité, révèlent une enfance et une jeunesse dont j'ignorais les détails, mais dont je connaissais l'esprit par quelques confidences éparpillées de Moulin. Mais quand commence le récit de sa carrière administrative, le livre m'est tombé des mains ! Cette période ne présentait aucun intérêt à mes yeux. Vivant au milieu d'artistes et d'écrivains, j'étais même déçu par une vie aussi étroite, faite de petits calculs et de médiocres ambitions. J'avais peine à reconnaître la personnalité de l'homme que j'avais connu et admiré.

En définitive, ces rencontres m'ont plongé dans la perplexité. À la lecture des trois ouvrages, non seulement je ne reconnaissais pas mon patron, mais je décelais de multiples erreurs. Dans le cas d'Henri Michel, je comprenais de surcroît que mon témoignage avait été négligé en raison même de ma position de secrétaire. Cela m'a conforté dans l'idée que la littérature sur la Résistance ne méritait guère que l'on s'y intéresse, toute parole au sujet de notre guerre ne pouvant en définitive qu'être fausse.

Jamais je n'aurais imaginé que j'en viendrais un jour à entreprendre le récit de la mission de Jean Moulin.

CHAPITRE II

Devenir historien

Je suis devenu historien par accident.

En 1977, Henri Calef, qui venait d'achever le premier téléfilm sur Jean Moulin, m'a demandé de participer au débat qui suivrait sa diffusion aux « Dossiers de l'écran ». C'est ainsi que je me suis retrouvé, ce mardi 11 octobre 1977, en compagnie de camarades, chefs de mouvements de Résistance, que je n'avais pas revus depuis plus de trente ans : Raymond Aubrac, Francis-Louis Closon, Henri Frenay, Jean-Pierre Lévy, le colonel Passy* (André Dewavrin), Christian Pineau, Pierre Villon. Je devais apprendre par la suite que plusieurs personnes avaient fait intervenir l'Élysée pour que je sois évincé de l'émission au profit de Tony de Graaf, qui m'avait remplacé durant trois mois à Lyon au secrétariat de Rex* quand celui-ci m'avait envoyé à Paris. Henri Calef s'y était résolument opposé.

Henri Frenay, 1976

Henri Frenay venait de publier *L'Énigme Jean Moulin*, dans lequel il accusait mon ancien patron d'avoir été « crypto-communiste » ! Il jetait la consternation parmi la quasi-totalité des résistants. Cette attaque ne m'avait pas totalement surpris. Laure Moulin m'avait informé des accusations qui avaient déjà paru dans ses Mémoires, en 1973[1]. Claude Serreulles, qui avait assuré l'intérim de Moulin après son arrestation, avait répondu au premier livre de Frenay lors d'une allocution prononcée au Panthéon le 17 juin 1975. Un an avant l'émission, il m'avait appelé : « Daniel, j'ai besoin de votre aide pour répondre aux accusations de Frenay à l'égard de Moulin, qu'il qualifie de cryptocommuniste. » Il avait également conseillé à Frenay de me rencontrer. C'est ainsi que je m'étais retrouvé chez Serreulles en 1976 avec le fondateur de Combat, qui ne se souvenait plus de moi !

Durant le déjeuner, Frenay m'avait questionné assez précisément sur des détails de l'histoire de la Résistance, jusqu'au moment où il s'était emporté en exposant sa « thèse » d'un Moulin communiste camouflé. Je lui avais répliqué fermement que, d'après tous mes souvenirs, c'était inexact : les propos de Moulin étaient ceux d'un homme de gauche, mais certainement pas communiste. Alors, Frenay avait pointé son doigt dans ma direction : « Tu vois, Claude, la preuve que Moulin était communiste, il a fait de Cordier un communiste ! » Électrisé par ce que je ressentais comme de la mauvaise foi, j'avais attaqué à mon tour, tout en restant mesuré, conscient de la distance qui me séparait d'un chef historique de la Résistance : « Je dois vous dire que je suis peiné par vos paroles, et surtout que je ne comprends pas vos accusations. Je ne vois pas sur quoi vous fondez une telle conviction ?

— Mais mon cher Cordier, vous en êtes une preuve vivante ! »

J'avais alors vu Serreulles, diplomate élégant, s'étrangler avec le morceau de canard qu'il essayait d'avaler avant de

1. Henri FRENAY, *La nuit finira*, Robert Laffont, 1973.

s'écrier, dans un accès de colère : « Mais enfin, Henri, tu te rends compte de ce que tu es en train de dire ? Cordier est rocardien, il ne s'en est jamais caché. Il n'a rien de communiste ! » Serreulles avait dû nous quitter à la fin du déjeuner : « Vous êtes chez vous, j'ai demandé que l'on vous serve le thé à cinq heures. »

Frenay s'était installé sur un vaste canapé face à la cheminée. Il avait à côté de lui des feuillets manuscrits qu'il consultait de temps à autre. Les questions, souvent minutieuses, s'enchaînèrent sur la vie de Moulin à Lyon, ses relations, mon travail à ses côtés. À l'exception d'une chronologie parfois estompée dans ma mémoire, j'étais surpris de constater à quel point ce passé était présent dans ses détails. Frenay nota dans un carnet la substance de mes réponses et sembla satisfait lorsque le thé nous fut servi. La journée avait fini en même temps que son enquête.

Frenay abandonna ses notes, et notre conversation se poursuivit dès lors à bâtons rompus. Je profitai de cette atmosphère détendue pour lui redire à quel point je trouvais regrettable qu'il s'acharne sur un passé sans mystère. Brusquement soupçonneux, il me tança : « Vous trouvez naturelle l'histoire de son “suicide” à Chartres ? Quand on s'est tranché la gorge dans la nuit, on ne va pas au bureau le matin ! » Je ne sus que répondre, ignorant tout des détails de cette affaire. Afin de lui prouver ma bonne foi, j'ajoutai simplement : « En tout cas, je possède les archives de Moulin. S'il y a des points précis que vous voulez étudier, je vous les communiquerai volontiers. » Son œil s'était allumé : « Je vous remercie de votre proposition. Soyez sûr que je vous téléphonerai. »

Frenay se leva le premier. En quittant le salon, il se tourna vers moi en disant, les yeux luisants : « Vous devez me haïr, n'est-ce pas ? Avouez que vous me haïssez ! » Surpris par cette étrange déclaration, je lui répondis, après une légère hésitation : « Non, mais je vous plains de vous torturer au sujet d'un passé encore une fois sans mystère. » Il ne répondit rien et descendit l'escalier. L'avais-je enfin convaincu ? Arrivés sur le trottoir, nous nous serrâmes la main avant de partir chacun dans une direction opposée.

Les « Dossiers de l'écran »

Sans nouvelles de Frenay depuis cet épisode, j'ai reçu l'année suivante, quelques jours avant l'émission du 11 octobre, *L'Énigme Jean Moulin*, qu'il m'avait dédicacé en ces termes : « À Daniel Cordier pour qu'il connaisse, enfin, le vrai visage de son patron. » C'est le premier livre d'un résistant que j'ai lu, effaré !

Quand je suis arrivé sur le plateau d'Antenne 2, les invités étaient déjà installés. Aucun ne se souvenait de moi. Je les ai salués tour à tour jusqu'à ce que je me trouve face à Passy*, que je n'avais pas revu depuis janvier 1946. Nous avions un contentieux : comme tous ses collaborateurs, j'avais témoigné contre lui au moment de l'« affaire Passy* », dans laquelle il avait été accusé d'avoir détourné une partie de l'argent de la France Libre. En venant à l'émission, j'avais réfléchi à l'attitude à adopter à son égard : le plus sage m'avait paru de l'ignorer. Or, soudain placé à quelques centimètres de lui, il était trop tard pour détourner la tête. Dans un réflexe machinal, je lui ai tendu la main, mais au lieu d'un geste déterminé, j'ai marqué une hésitation. Profitant de mon imperceptible gêne, le colonel a stoppé son mouvement, et ma main est restée dans le vide…

Personne n'a remarqué ce camouflet, car tous étaient en grande discussion avec Frenay ! L'objet en était la publication, la veille même de l'émission, de son livre, auquel les journaux consacraient de longues pages. On l'accusait d'avoir monté un « coup publicitaire » et d'user d'un procédé déloyal. Pour apaiser la vindicte, Frenay a finalement proposé que l'on n'évoque pas son ouvrage durant le débat. Le calme est revenu comme par enchantement.

Le film de Calef provoqua l'hilarité des participants, qui n'y virent qu'une caricature de la Résistance. Puis la discussion sur l'action de Moulin s'engagea dans la confusion, chacun évoquant dans le plus grand brouhaha des personnes et des événements pour la plupart inconnus du public. Lorsqu'on en est venu à la fondation du Conseil national de la Résistance, j'ai pris la parole pour me lancer dans une laborieuse explication. Plus j'avançais, plus j'avais le sentiment de m'enliser. Conscient que personne, à l'exception des spécialistes, ne pouvait suivre mon exposé, je ne savais plus comment le terminer. C'était affreux !

Soudain, Closon, qui était assis à côté de moi, a brisé le malaise qui planait en dénonçant un faux débat. Le seul intérêt du livre de Frenay, a-t-il expliqué, était de poser une question à laquelle chacun devait répondre : « L'homme qui est au Panthéon est-il un traître à la Résistance ou non ? » C'est ainsi que, dans un chahut épouvantable, le sujet auquel tout le monde pensait sans oser l'évoquer a surgi au milieu de nous et que la véritable discussion a commencé !

Frenay exposa sa thèse avec autorité : « Jean Moulin était cryptocommuniste ! » Pour les anciens résistants, la gravité de l'accusation ne tenait pas tant au mot « communiste » qu'au préfixe « crypto », qui dénonçait un homme ayant dissimulé ses opinions, sa politique et les objectifs réels de son engagement auprès du général de Gaulle. On savait Jean Moulin radical de gauche, comme Pierre Cot ou Pierre Mendès France, mais si ces convictions affichées n'avaient été qu'un masque servant à dissimuler son adhésion au communisme, cela signifiait qu'il aurait trahi la confiance de ses mandants. Dans les fonctions qui étaient les siennes, il n'était pas libre de conduire une politique personnelle. En tant que représentant du général de Gaulle, membre du Comité national français, président du Conseil de la Résistance[1], il était tenu d'appliquer la politique que le Général avait définie. De ce point de vue, pour la plupart des résistants, l'accusation de Frenay aurait été tout aussi grave s'il avait fait de Moulin un sycophante au service des radicaux, des démocrates-chrétiens ou de n'importe quel mouvement de Résistance.

Les accusations de Frenay ne correspondaient pas au souvenir que j'avais conservé des reproches que les chefs des mouvements adressaient à Moulin. Leurs critiques étaient de deux ordres : pour l'ensemble de sa mission, ils lui reprochaient d'être trop strictement « gaulliste » dans l'application des instructions de la France Libre. Dans le cas particulier du Conseil de la Résistance, ils dénonçaient sa complaisance à l'égard des anciens partis (Alliance démocratique, Fédération républicaine, démocrates populaires, radicaux-socialistes) qu'il voulait y introduire, alors qu'il n'avait aucune preuve de leur engagement auprès de la France combattante. Les mouvements étaient en revanche d'accord entre eux pour ne collaborer qu'avec le parti communiste et, sous certaines réserves, avec le parti socialiste reconstitué.

Attaqué par tous les présents, Frenay fit front avec superbe. À soixante-dix ans, il était au meilleur de sa forme. Passy*, lui, ne disait mot, jusqu'à ce que Frenay se tourne vers lui en le prenant à témoin : « D'ailleurs, c'est toi qui me l'as dit. » Passy*, qui, durant le discours de Frenay, s'enfonçait lentement dans son fauteuil avec un évident souci de disparaître, s'est redressé d'un coup : « Tu te trompes, je t'ai toujours

1. Jusqu'à l'automne 1943, le Conseil national de la Résistance était connu et présenté par tous les résistants comme le « Conseil de la Résistance ».

mis en garde contre cette interprétation, à laquelle pour ma part je ne trouve aucun fondement. » Frenay est resté coi après ce désaveu catégorique.

Lorsque j'ai demandé la parole, je n'ai trouvé à opposer à Frenay que le caractère mensonger de ses propos, mais malheureusement sans le moindre argument ! J'ai toutefois indiqué que je disposais des archives qui prouvaient sa calomnie. Frenay fit une réponse cinglante : « De toutes les manières, vous ne saviez rien. Vous étiez l'intendance ! » Humilié, je n'ai rien répondu. Parmi les salves de protestations de tous les présents, c'est Pineau qui a eu le mot de la fin en soulignant que « l'accusation de Frenay [était] une mauvaise action ». Le seul mérite de l'émission aura été finalement de révéler au grand jour ce que ces mêmes chefs de la Résistance s'efforçaient depuis trente ans de dissimuler : leurs désaccords !

L'émission terminée, les invités ont rejoint un buffet dressé à quelques mètres du plateau. Tandis que les lumières s'éteignaient, Frenay et moi sommes restés assis dans la pénombre. J'étais assommé par le sentiment d'avoir trahi Moulin en me montrant incapable de le défendre. Frenay s'est levé et est venu vers moi. Je me suis levé à mon tour par politesse : « Dites-moi, Cordier, vous avez dit que vous possédiez les archives de Moulin. C'est intéressant. À partir de ces archives, nous pourrions faire quelque chose ensemble sur lui. » Surpris, je lui ai répondu : « C'est une très bonne idée. » Je me revois pointer ensuite le doigt dans sa direction : « Mais il y a une condition. » Il s'est mis à reculer tandis que j'avançais : « Avant toute chose, brûlez votre livre, qui est indigne.

— Mais Cordier, vous êtes fou ! »

Sans doute lui ai-je paru menaçant, car il a continué de reculer. Arrivé au bord de l'estrade, il a failli tomber. De justesse, il a pris ma main pour se rétablir…

*Retrouvailles avec Passy**

Au buffet, Passy* est venu à ma rencontre : était-ce la réconciliation ? Nous avons évoqué l'émission à bâtons rompus. D'abord étonné de son revirement, j'en ai compris la raison lorsqu'il m'a demandé tout à trac : « Je voudrais savoir pourquoi vous avez pris position contre moi au moment où tous m'ont poursuivi ? Que vous ai-je fait ? » L'« affaire Passy* » était vieille de trente ans, mais elle fit alors irruption dans ma mémoire avec toute sa vivacité. J'ai répondu en quelques mots que j'estimais avoir été trompé par lui : « J'ignorais tout des affaires personnelles qui vous ont conduit aux arrêts. Dans mes fonctions auprès de vous, j'ai été attaqué par beaucoup d'anciens résistants parce que j'étais votre collaborateur, après avoir été celui de Moulin. Votre antagonisme à son égard a été un problème pour moi, mais l'argument qui l'a emporté fut le service de l'État. Je ne voulais en aucun cas que d'anciens vichystes prennent le contrôle de la DGER, que vous aviez fondée à Londres[1] : les hommes de juin 1940 se devaient de faire front. »

Parmi toutes les critiques que j'ai reçues, celles auxquelles j'ai été le plus sensible par la suite ont été celles de Bidault, parce que nos relations étaient très affectueuses. Il formulait des accusations précises. À plusieurs reprises, il m'avait mis en garde : « Tous les renseignements que nous recevons de Londres indiquent que Passy* est impliqué dans un trafic d'or et de devises. Ça finira mal ! Pourquoi continuez-vous à tra-

1. La DGER est l'organe résultant de la fusion du BCRA et des services de renseignements d'Alger. Passy en fut le directeur de mai 1945 jusqu'au départ du général de Gaulle, le 22 janvier 1946. Il démissionna en février 1946 et fut remplacé par Henri Ribière. La DGER devint la même année le Sdece (Service de documentation extérieure et de contre-espionnage).

vailler avec lui ? Vous savez que votre place est toujours libre auprès de moi. »

J'ai rappelé à Passy* la réponse que j'avais faite à Bidault : « Passy* est l'homme le plus haï de la Résistance parce qu'il a mené de bout en bout son service d'une main de fer. C'est un visionnaire et un grand chef. Il est en train de préparer un nouveau service de renseignements français aussi efficace que l'Intelligence Service. Ces attaques ne visent qu'à le déstabiliser. En dépit de vos préventions, je me porte garant de lui. Si vous avez confiance en moi, croyez en lui. » Après ces garanties répétées, l'affaire Passy* a éclaté. On prétendait que le fondateur du BCRA avait dissimulé et sans doute détourné une partie de l'argent de la France Libre destiné à la Résistance. Certains journaux allaient jusqu'à avancer le chiffre d'un milliard de francs. *L'Humanité* écrivit même que la DGER était devenue la « Direction générale des ennemis de la République »…

Ma réaction fut celle du dépit, ce que je lui ai expliqué : « La commission d'enquête m'a fait surveiller pendant des mois parce qu'elle était persuadée que j'étais allé en Espagne dissimuler de l'argent pour votre compte !

— Vous me croyez donc coupable ?

— D'après les documents qu'on m'a montrés : oui.

— Eh bien, vous avez tort, car je suis innocent. Cette affaire est entièrement politique. J'ai été la victime d'un coup monté par les adversaires du gaullisme. Si nous nous revoyons, je vous l'expliquerai. »

Tout était dit. Pourtant, curieusement, au lieu de s'éloigner, il a changé de sujet, et nous nous sommes mis à parler de notre passé comme si de rien n'était, jusqu'à la fin de la soirée…

Si la rencontre avec Passy* me fut pénible, mon incapacité à défendre Moulin m'est apparue comme une trahison.

Durant une heure, mon patron avait été calomnié devant toute la France et j'avais été incapable de développer un seul argument pour le défendre !

Un souvenir auquel je n'avais jamais repensé s'est alors imposé à mon esprit comme le *leitmotiv* d'un acte d'accusation : il y avait trente-cinq ans, Moulin, à la suite d'une conversation amicale d'un soir, m'avait engagé comme secrétaire, témoignant envers un inconnu de vingt et un ans la plus entière confiance. Il m'avait donné son adresse, plaçant depuis cet instant sa vie entre mes mains, puisque je pouvais parler et le faire arrêter. Pendant onze mois, cette confiance ne s'était jamais démentie. Arrêté, il était mort en martyr. Or, depuis mon départ de la DGER, j'avais « vécu ». Grâce au sacrifice de mes camarades, dont il était le symbole, j'avais mené une vie que j'avais voulue libre de tout antécédent et de tout devoir : j'avais ouvert une galerie et réussi ma vie professionnelle dans le domaine de l'art contemporain. Il m'était insupportable de penser que, ce soir de 1977, j'avais été incapable de défendre son honneur.

De retour chez moi, une idée a surgi comme une évidence : « Si je ne fais rien pour lui, je suis un salaud. »

Témoignage ou document ?

Le lendemain, après avoir réfléchi et discuté avec quelques anciens camarades, j'ai pris conscience que j'étais le seul collaborateur de Moulin à avoir vécu quotidiennement dans son intimité jusqu'à son arrestation. Je n'y avais jusqu'alors jamais réfléchi parce que le secrétariat était un poste subalterne et non une fonction d'autorité. Néanmoins, j'étais au centre de toutes ses relations avec les responsables de la Résistance en France et en Grande-Bretagne, et j'assistais à l'élaboration de ses projets politiques. Je connaissais de l'intérieur l'origine de ses conflits avec la « Résistance des chefs ». Enfin, depuis ma participation en 1944 à la rédaction du « Livre blanc du BCRA », les archives de la mission de Moulin m'étaient familières.

J'ai donc décidé de répliquer aux accusations de Frenay.

Ma première idée a été de rédiger une réponse argumentée. Sous l'empire de la colère, j'écrivis en quelques jours un texte de deux cents pages réfutant point par point ses attaques. Sitôt achevé, sitôt relu : désolation ! C'était une élucubration polémique dans laquelle j'insultais Frenay. Heureusement, j'ai compris que ce texte n'avait aucune valeur historique, qu'il n'était qu'un témoignage parmi d'autres en faveur de Moulin. Pis encore, ma position de secrétaire ne jouait pas en ma faveur face à celle d'un Frenay. Comme l'avait suggéré Henri Michel, je ne doutais pas que l'on privilégierait le témoignage d'un « chef historique », grand héros de la Résistance, sur celui de la « piétaille », dont j'étais.

Que pouvais-je faire pour renverser les rôles afin que les historiens croient mon récit et non le sien ? La réponse fut pour moi comme une illumination : je devais remplacer mon *témoignage* par des *documents* afin de transformer mes *souvenirs* en *histoire.*

En 1977, j'ignorais ce qu'étaient les historiens et l'histoire. Ma culture historique se limitait pour l'essentiel aux trois grands auteurs de ma jeunesse : Michelet, Gaxotte et Bainville, ce dernier étant mon dieu. Le choix de Gaxotte, j'en conviens, ne me grandissait pas. Avec Michelet, c'était autre chose : d'un côté, un sale républicain qu'il convenait de haïr, de l'autre, un écrivain de génie. Au fond, sous le label de l'esthétique, j'étais prêt à toutes les trahisons ! Quant à Bainville, que j'ai relu il y a quelques années, je suis toujours séduit par le charme de son style.

Tous ces livres, cependant, sont dépourvus de notes de bas de page. De manière générale, la discipline historique était un monde très éloigné de moi. Ma vie était faite de nombreuses lectures, de poésie, de romans, mais pas d'histoire ni de philosophie. Je n'avais pas non plus d'amis historiens : les intellectuels que j'avais connus pendant la guerre et après — Jean-Paul Sartre, Raymond Queneau, Henri Michaux puis Roland Barthes — étaient tout sauf historiens.

Il arrive aujourd'hui que des chercheurs m'interrogent sur ce qu'ils appellent l'« épistémologie » de mon travail. Le terme m'a longtemps semblé étrange. N'ayant aucune formation universitaire, je n'avais pas conscience au départ des exigences propres à l'écriture de l'histoire. Aussi ai-je dû fabriquer par mes propres moyens une méthode de travail qui me permette de répondre à Frenay.

Mon échec à la télévision tenait à mon ignorance des Mémoires de la douzaine de résistants qui s'étaient livrés à l'exercice et plus généralement des travaux historiques sur la Résistance. J'entrepris donc de lire un à un tous les livres sur le sujet. En ce qui concernait Jean Moulin, l'historiographie était assez pauvre. Quarante-cinq ans après sa mort, il n'existait que trois biographies : celles d'Henri Michel, de Laure Moulin et d'Henri Calef. Dans quelques ouvrages de caractère général, tels *Combat* de Marie Granet et Henri Michel[1], *Le Conseil national de la Résistance* de René Hostache[2] ou l'*Histoire de la Résistance* d'Henri Noguères[3], son rôle était analysé, mais le plus souvent superficiellement. Certains de ces auteurs notaient d'ailleurs qu'il leur manquait une

1. Marie GRANET et Henri MICHEL, *Combat. Histoire d'un mouvement de résistance de juillet 1940 à juillet 1943*, PUF, 1957.

2. René HOSTACHE, *Le Conseil national de la Résistance. Les Institutions de la clandestinité*, PUF, 1958.

3. Henri NOGUÈRES, *Histoire de la Résistance en France, de 1940 à 1945*, 5 vol., Robert Laffont, 1968-1981.

grande partie des archives de sa mission, ce qui rendait parfois incompréhensibles certains de ses choix.

Je me suis ensuite plongé dans les Mémoires des chefs de la Résistance et de la France Libre. J'étais étonné d'observer l'assurance avec laquelle ces auteurs assénaient des affirmations dont tous mes souvenirs me disaient qu'elles étaient fausses. En me penchant sur elles, j'ai chaque fois découvert inexactitudes, lacunes, voire contre-vérités.

C'est alors que j'ai vraiment compris le danger des témoignages pour établir les faits et la prudence indispensable à leur utilisation. Parce que notre vie est une expérience unique, notre témoignage rend compte d'un point de vue singulier. Truisme. La mémoire n'est pas un calendrier des postes, mais le résultat des sables mouvants de notre conscience : infidélité à la chronologie, travestissements affectifs, manipulation de l'imagination, surestimation de l'ego... Même dans l'hypothèse d'une sincérité absolue, les erreurs de dates, la déformation des faits, les oublis de toutes sortes sont constitutifs de la mémoire.

C'est dire que, pour l'historien, le témoignage est un mélange détonant, à manier avec précaution. Pour les publicistes, en revanche, c'est un fonds de commerce inépuisable, et ils feignent de s'étonner d'en tirer hypothèses extravagantes ou soupçons déshonorants. Mon expérience décevante des témoignages a été à l'origine d'une décision fondatrice : celle d'établir mon travail sur les seuls documents.

J'ai commencé par classer chronologiquement toutes les archives en ma possession, en les étalant sur le sol de ma bibliothèque. Cette présentation matérielle incarnait pour moi la « vérité ». La disposition chronologique assurerait par elle-même la cohérence de l'argumentation. Il suffisait de retrouver les pièces manquantes puis de les « coudre » pour fabriquer un patchwork géant et contempler le passé ainsi ressuscité !

L'ensemble des documents en ma possession était des plus disparates, avec des trous couvrant des périodes assez longues. J'eus toutefois un certain plaisir à constater que mes souvenirs étaient souvent conformes au sens des documents.

Des archives personnelles aux Archives nationales

Mes archives personnelles étaient constituées de deux ensembles différents. Tout d'abord, j'avais conservé depuis la guerre certaines pièces liées à ma mission auprès de Moulin. La clandestinité exigeait évidemment que nous gardions avec nous le moins de documents possible. Néanmoins, Moulin m'avait demandé dès le lendemain de notre première rencontre de conserver le brouillon de certains de ses rapports et télégrammes[1]. Peut-être voulait-il, en dépit des risques que cela impliquait, que soient conservées des traces incontestables de son action ? Ou alors pressentait-il que l'histoire que nous écrivions ferait l'objet de controverses ? Il m'est difficile de répondre.

Parce que j'avais mesuré l'importance de ces documents après la mort de mon patron, je les avais confiés à un camarade au moment de partir pour Londres, en 1944, et celui-ci les avait enterrés dans son jardin. Même si une partie d'entre eux s'étaient malheureusement corrompus, je pus en récupérer un certain nombre à mon retour en France, et surtout les plus précieux. Je découvris ainsi plus tard que les quelques autographes dont je disposais étaient pratiquement les seuls existants sur la Résistance de Jean Moulin. C'est le cas en particulier de l'autographe entier du fameux rapport du 14 décembre 1942, le plus long de la main de Moulin, dans

1. Voir D. Cordier, *Alias Caracalla, op. cit.*, p. 345 (« Folio », pp. 422-423).

lequel il propose pour la première fois à de Gaulle de créer un « Conseil de la Résistance ».

Par ailleurs, je possédais une partie des documents du BCRA, emportés en janvier 1946 dans des circonstances rocambolesques lors de ma démission de la DGER. Mon successeur, Guy de Broglie, les avait enfermés dans des caisses — alors que j'étais parti faire du ski en Suisse — et les avait fait livrer à mon domicile ! C'est bien plus tard que j'ai découvert la valeur de ce que je possédais, lorsque j'ai rencontré Henri Michel dans le cadre de la préparation de son livre sur Moulin.

Il y a quelques années, j'ai remis la totalité de ces documents aux Archives nationales.

Les archives du BCRA m'étaient familières depuis que j'avais participé à leur classement. La constitution de ce fonds a d'ailleurs occupé une place prépondérante dans la poursuite de mes recherches.

À l'automne de 1944, quand le BCRA, devenu DGER, est rentré de Londres à Paris, ses chefs, Passy* puis André Manuel, ne pouvaient pas sortir dans la rue ! Il est difficile d'imaginer aujourd'hui l'atmosphère politique qui régnait à la Libération : tous les jours, dans la presse, les « services secrets » étaient accusés d'avoir trahi la Résistance. Nous étions désignés comme la citadelle du fascisme, d'autant plus que nous avions le soutien du général de Gaulle. Les membres des services secrets étant tenus au « devoir de réserve », il nous était impossible de répondre à nos adversaires. Pourtant, face à de telles accusations, nous entendions défendre nos camarades, morts ou vivants.

Pour toutes ces raisons, Manuel avait eu l'idée de publier un « Livre blanc » retraçant l'histoire du BCRA, notamment les missions d'action et de renseignements en France. L'objectif était d'en dissiper la « légende noire » et de prouver que nous avions été équitables envers les différents mouvements de Résistance, y compris communistes. Manuel m'avait confié le tri et l'inventaire de l'ensemble des archives du service afin de sélectionner celles qui seraient présentées et commentées dans le Livre.

La constitution du fonds fut pour le moins chaotique. Les caisses de documents avaient quitté Londres après le départ des membres du BCRA pour la France, à la mi-août 1944, pour n'arriver à Paris que vers la fin du mois d'octobre. Et dans quel état ! Au lendemain de ma nomination, j'avais demandé à l'un des hommes qui avaient organisé le transfert où se trouvaient ces archives. « Elles sont au Havre, m'avait-il répondu. Elles attendent sur les quais du port parce qu'il y a des choses plus importantes à transporter.

— Dans des caisses ?

— Non, elles ont été déposées directement sous un hangar. »

Je lui avais demandé de les faire venir rapidement.

Quelques jours plus tard, les archives arrivaient par camion. Nous étions installés dans plusieurs bâtiments réquisitionnés par la DGER en bordure du bois de Boulogne. Loin de ressembler au BCRA des premières années de Londres, la DGER était alors devenue une énorme structure regroupant plus de dix mille agents ! Une très grande pièce fut désignée pour le stockage, et je pus recevoir les premières pièces. Les livreurs arrivaient avec les fameux « paniers » et les renversaient à même le sol. Les documents étaient le plus souvent dans un état épouvantable. Au Havre, les riverains du port récupéraient les « doubles » sur papier léger en guise de papier toilette...

Même dans les bureaux de la DGER, il était difficile d'assurer leur protection. La pièce dans laquelle ils étaient entreposés ne disposait pas de serrures : elles avaient été volées. N'importe qui pouvait donc entrer, consulter des dossiers, ne serait-ce que pour connaître les jugements de leurs supérieurs sur leur mission, et même les emporter. J'ai alors pensé : « Je suis bon pour le conseil de guerre ! »

C'est dans ce contexte de déroute que j'ai commencé, tant bien que mal, à trier toutes ces pièces. Nombre d'entre elles étaient devenues illisibles parce qu'elles avaient pris la pluie. Des documents avaient disparu, et, surtout, régnait le plus grand désordre. Mon premier travail fut donc de classer l'ensemble en fonction des différentes sections administratives du BCRA (contre-espionnage, action, renseignements), ce qui me prit un temps considérable, d'autant plus que je ne connaissais pas bien l'organisation du BCRA.

À partir du mois de décembre 1944, Vitia Hessel m'a rejoint pour rédiger, à partir de ces archives, le fameux « Livre blanc ». À son retour de déportation, en mai 1945, Stéphane, son mari, vint lui aussi participer à l'aventure. Il souhaitait quitter la DGER pour entrer au Quai d'Orsay, mais Manuel lui a demandé de participer au préalable à nos côtés à la rédaction du « Livre blanc ». Le choix des documents s'est fait peu à peu, comme celui des illustrations à placer dans un certain ordre. J'étais plus particulièrement en charge de tout ce qui concernait la mission de Moulin, notamment dans ses relations avec les mouvements de Résistance. Malheureusement, j'ai dû interrompre ce travail lorsque Passy*, en avril 1945, est devenu directeur de la DGER et qu'il m'a demandé de le rejoindre : « N'importe qui peut faire le “Livre blanc”, mais moi j'ai besoin de vous comme chef de cabinet. Vous êtes le seul qui connaisse tous les chefs de la Résistance. » J'ai donc tout quitté, non sans promettre d'achever ce qui concernait la mission Moulin. C'est ainsi qu'on a monté dans mon bureau une partie de ces archives, celles-là mêmes que je récupérerais en quittant la DGER quelques mois plus tard !

Le « Livre blanc » était destiné à la publication. Par l'intermédiaire de Queneau, j'avais rencontré Gaston Gallimard en

1944, et il m'avait donné son accord. Après le suicide de Pierre Drieu la Rochelle, c'était pour les éditions Gallimard une occasion d'occuper à nouveau le devant de la scène ! Le livre devait se composer de documents précédés de courts textes de présentation. Malheureusement, ce travail fut englouti par l'affaire Passy*. Quand ce dernier a démissionné et que les socialistes ont accédé au pouvoir, la nouvelle direction de la DGER a déclaré que les documents contenus dans le « Livre blanc » n'étaient pas consultables, et celui-ci fut déposé aux Archives nationales.

En 1958, le transfert de la DGER, devenue le Sdece, de la présidence du Conseil aux services du Premier ministre puis à la Défense a entraîné la dispersion des archives du service. Aujourd'hui, les Archives nationales en conservent une partie, représentant plus de cinq cent cinquante numéros. Le reste est déposé à Vincennes et dépend du ministère de la Défense. Cet éclatement rend l'ensemble particulièrement difficile à utiliser. Par exemple, les rapports de Moulin d'octobre et novembre 1942 sont à Vincennes alors que ceux de mai et avril sont à Paris[1].

Sans doute cette difficulté d'accès aux archives du BCRA a-t-elle contribué à orienter la recherche historique dans un sens peu favorable au gaullisme de guerre. Mais c'est loin d'être la seule raison. Différentes causes — absence de documents, primat du témoignage, défaite politique du général de Gaulle — se sont conjuguées pour expliquer, chez les historiens de l'après-guerre, la domination d'une approche antigaulliste de la Résistance. Il est révélateur à cet égard que les premiers livres parus sur la Résistance délaissent

1. Au moment de mettre ce livre sous presse, les fonds d'archives postérieurs à la Révolution française sont en cours de déménagement vers le nouveau site des Archives nationales (59, rue Guynemer, 93383 Pierrefitte-sur-Seine). Le transfert devrait être achevé à la fin de 2013.

presque totalement la figure de Moulin. Pour la plupart d'entre eux, il n'y avait pas *un* chef de la Résistance, mais *des* chefs de mouvements, et Moulin était à peine cité. Dans *Le Sacrifice du matin*, de Pierre de Bénouville, publié lui aussi en 1946 et qui connut un immense succès, la Résistance intérieure occupe toute la place. Moulin est présenté comme un « intrus », un « gêneur » envoyé par Londres pour la mettre sous le contrôle de De Gaulle !

Dans les années 1980, le souvenir du « Livre blanc » du BCRA a orienté de façon décisive mon premier projet d'écriture. L'ouvrage que je souhaitais rédiger consistait en effet en la publication, par ordre chronologique, des documents concernant la mission de Moulin, accompagnés d'un commentaire : grâce aux documents, chaque lecteur aurait eu sous les yeux la preuve matérielle de ce qui s'était réellement passé.

J'eus vite conscience que les pièces que je possédais étaient lacunaires, même si elles apportaient des mises au point essentielles sur de nombreuses questions. Pour avancer, il me fallait retrouver les archives que j'avais en grande partie classées moi-même en 1945 et qui étaient à présent dispersées. Je suis allé voir le directeur de la section contemporaine des Archives nationales, Pierre Cézard, qui m'a accueilli très aimablement et m'a appris qu'une autorisation du Sdece était nécessaire pour consulter le fonds du BCRA. Cézard ne m'a pas caché la difficulté de la tâche, en me précisant que Michel, pourtant attaché au Comité d'histoire de la Seconde Guerre mondiale, ne l'avait pas obtenue ! Comme je connaissais le ministre de la Défense, Yvon Bourges, ancien camarade de la Résistance, j'obtins le précieux sésame huit jours plus tard. Très fier, je retournai voir Cézard, qui m'expliqua que mon autorisation ne valait rien : seul le directeur du Sdece était en mesure de me donner accès à ce fonds ! Je compris alors que le passé n'appartient pas aux acteurs, mais aux archivistes et aux chercheurs.

Dans l'attente d'une autorisation, je décidai de travailler sur d'autres fonds, en commençant par Londres. C'est ainsi que j'ai pénétré pour la première fois dans une salle de conservation, dans le bâtiment neuf des Archives nationales britanniques. Ce fut l'ivresse. J'ai découvert de nombreux documents qui, croisés avec certains des miens, permettaient de répondre à des questions plus ou moins importantes autour de la mission de Rex*. Par exemple, je m'étais demandé pourquoi Rex*, de passage à Lisbonne en septembre 1941, ne s'était pas rendu chez le consul de France Colson, favorable à de Gaulle, et pourquoi les Anglais l'y avaient gardé un mois entier avant de le laisser rejoindre Londres. J'imaginais que s'il avait pris contact avec Colson, il aurait pu rejoindre l'Angleterre dès le lendemain ! L'explication se trouvait dans les archives londoniennes : deux jours avant l'arrivée de Moulin, Colson avait été arrêté par les Portugais — neutres pendant la guerre —, furieux d'avoir sur leur sol un homme qui organisait des départs pour Londres ! J'ai aussi retrouvé des pièces concernant la correspondance entre Moulin et les autorités anglaises lors de son passage à Lisbonne. De fil en aiguille, j'essayais de comprendre d'autres problèmes, dont certains étaient très éloignés de mon sujet, comme les raisons qui expliquent les brouilles entre de Gaulle et Churchill au printemps de 1941.

Après ce premier travail à Londres, je suis parti pour Chartres, où je suis resté plus d'un mois. J'ai trouvé une mine d'informations sur l'activité du préfet Moulin, jusqu'à sa mise à la retraite par le maréchal Pétain, en octobre 1940. Les archives contiennent de nombreuses pièces autographes. Avec ces textes de tous formats rédigés de sa main, j'étais tout à coup en présence de mon patron. Ce fut pour moi très émouvant.

Au cours de ces recherches, auxquelles je me suis consacré pendant quatre ans, j'ai adopté un postulat auquel je suis resté fidèle : ne rien éluder du contenu des papiers que je trouverais sur Moulin. J'étais persuadé que quoi que je découvre sur lui il n'y avait rien dans son existence ou dans sa mission qui ne puisse être rendu public, examiné et discuté par tous. Je peux dire aujourd'hui, après l'achèvement de mon travail, que cette confiance *a priori* n'a jamais été déçue. Cette volonté de vérité intégrale ne témoigne d'aucun mérite. Elle réside au cœur de la morale de n'importe quel historien et est son seul moyen de se prémunir des démentis de recherches ultérieures.

La DGSE[1] tardant à me donner une autorisation d'accès aux archives du BCRA, je pris contact avec la famille de Moulin. Ses cousines pharmaciennes, les Escoffier, avaient conservé les archives familiales. Elles m'accueillirent très amicalement et me permirent de consulter sa correspondance privée. Impeccablement classée dans de vieilles boîtes à chaussures, elle reposait là, depuis ses lettres d'enfant jusqu'à son dernier message à sa sœur, le 17 juin 1943, quatre jours avant son arrestation.

Dans ces lettres, je découvris une partie de l'existence de Moulin que j'ignorais, en particulier la manière dont il avait vécu la défaite. Bien des passages de sa correspondance me bouleversèrent. Je pense, en particulier, à la lettre du 15 juin 1940 qu'il écrivit à sa mère et à sa sœur : « Je vous ai peu donné de mes nouvelles ces derniers jours. La faute en est aux événements tragiques que j'ai vécus. J'ai vu bien des misères humaines. Mon réconfort a été de voir bien des dévouements obscurs, des dévouements que tout le monde ignorera toujours, hormis quelques spectateurs. Mon pauvre

1. Direction générale de la sécurité extérieure, qui avait pris la succession du Sdece, en 1982.

département est mutilé et saignant de toute part. Rien n'a été épargné à la population civile. Quand vous recevrez cette lettre, j'aurai sans doute rempli mon dernier devoir. Sur ordre du gouvernement, j'aurai reçu les Allemands au chef-lieu de mon département et serai prisonnier. Je suis sûr que notre victoire prochaine — grâce à un sursaut d'indignation du reste du monde et à l'héroïsme de nos soldats (qui valent mieux souvent que l'usage qu'on en fait) — viendra me délivrer. Je ne savais pas que c'était si simple de faire son devoir quand on est en danger[1]. » Mais le *post-scriptum* est plus bouleversant encore : « Si les Allemands — ils sont capables de tout — me font dire des choses contraires à l'honneur, vous savez déjà que cela n'est pas vrai. »

Est-ce l'association de ces paroles à d'autres propos qu'il me confia deux ans plus tard ? Je ne pus retenir mes larmes tant la banalité des mots contenait dans leur simplicité le désespoir de la déroute. J'y retrouvai mon propre chagrin éprouvé à l'écoute du discours de Pétain le 17 juin 1940 : ils exprimaient ce fait inimaginable et cruel : la défaite de la France...

Pour l'essentiel, la correspondance familiale de Moulin ne présentait qu'un intérêt anecdotique. Sans se montrer particulièrement secret, il se conduisait à l'égard de ses parents et de sa sœur comme la plupart des hommes qui, toute leur vie, tentent de se dégager de l'emprise de la famille en évitant de la faire souffrir. Un des aspects décevants de ces lettres est le constat de l'absence de discussions politiques entre Moulin et son père, Antoine-Émile, dit Antonin, mort en 1938. Quelques extraits publiés par sa sœur m'avaient laissé espérer que cette correspondance permettrait de restituer avec certitude les idées politiques de mon patron. Ne trou-

1. Daniel Cordier, *Jean Moulin. L'inconnu du Panthéon*, t. II : *Le choix d'un destin, juin 1936-novembre 1940*, JC Lattès, 1989, p. 302.

vant rien, je fus d'abord persuadé que Laure Moulin avait détruit des pièces. Bien à tort. En l'étudiant soigneusement, et pour autant que j'aie eu en main la totalité de la correspondance familiale de Moulin, je compris que de telles discussions n'avaient pas existé.

Ce silence peut sans doute s'expliquer : Moulin avait une grande admiration pour son père, dont je fus le témoin dès notre première rencontre. Or, si l'on étudie son évolution politique en faveur d'une gauche socialiste dans les années 1930, il s'éloignait progressivement de lui, qui campait fidèlement sur les principes républicains qui avaient été au cœur de sa jeunesse. Militant actif du camp dreyfusard et président de la Ligue des droits de l'homme dans la région de Béziers, Antonin Moulin était toujours resté un radical. Moulin était peut-être conscient de la force des divergences qui l'auraient opposé à son père, alors que ses convictions personnelles l'engageaient de plus en plus à gauche.

*Jean Moulin avant Joseph Mercier**

Les découvertes effectuées chez les Escoffier me conduisirent tout naturellement à m'intéresser aux archives des préfectures dans lesquelles Moulin avait servi avant d'arriver à Chartres. Sa carrière dans la préfectorale était exemplaire : il avait été le plus jeune sous-préfet de France en 1925, puis le plus jeune préfet en 1937.

Je commençai par Montpellier, où Moulin avait été nommé en 1917 attaché de cabinet du préfet de l'Hérault. Hélas, ses fonctions étaient trop modestes pour que le moindre papier survive de cette époque lointaine. Mon intérêt s'est donc porté ailleurs, sur les tâches qu'il avait dû accomplir ou auxquelles il avait participé et sur le fonctionnement d'une préfecture à cette époque. Trois événements retinrent mon attention : la préparation du voyage du président Poincaré, les élections de 1919 et la première cérémonie de l'anniversaire de la Victoire. J'essayais d'imaginer ce que furent ces expériences pour le jeune homme de vingt ans qu'il avait été...

À l'âge de vingt-trois ans, Moulin devint le chef de cabinet du préfet de Savoie. À Chambéry, où je suis resté plusieurs semaines, j'ai découvert l'importance que l'art avait prise dans sa vie de jeune homme. En dépit de la pression de son père, il avait passé une partie de son temps à tenter d'organiser une exposition de ses propres œuvres. De sa première sous-préfecture, à Albertville, de 1925 à 1930, je retins son mariage étrange, sans doute peu désintéressé, en 1926. Sa fiancée, Marguerite Cerruti, appartenait à la bourgeoisie savoyarde alors que lui-même était d'un milieu social plus modeste, puisque son père était professeur d'histoire. Ce mariage tourna à l'échec dès 1928, et Moulin resta célibataire jusqu'à la fin de sa vie. J'étais surpris et presque gêné de ces découvertes. Durant la période où je l'avais connu, je n'avais pas imaginé qu'il ait pu un jour danser, tomber amoureux, bref, qu'il ait eu une jeunesse...

Dans les archives de Quimper, j'ai découvert une curiosité : une correspondance entre Moulin et son préfet, qui refusait de lui régler le montant d'une redevance pour le passage d'un pont ! Je reconnus l'homme que j'avais servi, qui ne transigeait pas lorsque le droit était en jeu. Plutôt que de céder face à son supérieur, à la suite de ce différend, Moulin préféra demander sa mutation, qu'il obtint facilement. L'autre découverte avait plus de prix, car elle révélait ses opinions politiques d'alors. Durant des élections de 1931, il s'était clairement engagé en faveur de Charles Daniélou, député sortant de sa circonscription et représentant de la gauche. Moulin fut alors la cible de critiques virulentes de la part de la droite, mais aussi d'une sanction de son ministre de tutelle : pour le neutraliser, André Tardieu l'éloigna à Paris durant la semaine des élections !

En m'intéressant à la vie de mon patron, je me suis trouvé dans la position de tous les historiens, qui ne disposent que des témoignages, des documents et du contexte sociopolitique d'une époque qu'ils n'ont pas vécue. Cette difficulté était accentuée par mon ignorance de l'administration française et mon opposition, dans la France d'avant-guerre, aux idées politiques de gauche, qui étaient celles de Moulin.

J'appartiens à une famille de la bourgeoisie commerçante et industrielle de province. Très tôt, j'ai appris la méfiance, voire l'hostilité à l'égard de l'administration, en particulier de la préfectorale, dont mon beau-père, qui construisait des routes, dépendait ! Ma vie d'adulte, qui s'est déroulée dans le monde de l'art contemporain, ne m'en a donné ni une meilleure connaissance ni une appréciation plus flatteuse. Ainsi, en suivant les pérégrinations du jeune Moulin d'une préfecture à l'autre, je voyageais en *terra incognita*.

Plus lourd était mon second handicap, puisque ma famille était monarchiste. Mon grand-père, Augustin Cordier, ami de Charles Maurras, avait été directeur du journal royaliste *Le Nouvelliste de Bordeaux*. Très jeune, j'avais milité dans les Camelots du roi, au point de fonder, à dix-huit ans, un cercle Charles-Maurras. Même si, durant la guerre, j'ai évolué vers la gauche démocratique, je ne pouvais effacer l'empreinte de ce passé : le milieu de la gauche républicaine au sein duquel Moulin avait grandi politiquement avant-guerre m'était étranger.

Les archives du BCRA

Finalement, j'ai obtenu du Sdece l'autorisation exceptionnelle de consulter huit dossiers, non publics à l'époque, concernant la mission de Moulin. C'était peu. Heureusement, grâce au directeur des Archives, Pierre Cézard, j'ai pu me lancer dans le dépouillement systématique de toutes les pièces du BCRA qui y étaient conservées. Cézard avait une connaissance intime des archives de la guerre. Il avait d'ailleurs publié de nombreux articles dans la *Revue d'histoire de la Seconde Guerre mondiale.* Les archives du BCRA comprenaient alors cinq cent vingt-trois numéros d'entrées, pour lesquels je n'avais pas d'autorisation. Cézard m'accorda le permis de tout consulter en échange d'un engagement, que je pris par écrit, de verser dans son fonds tous les documents que je possédais.

Je fus ainsi autorisé à consulter les papiers qui m'intéressaient à son étage, dans une grande pièce destinée au tri des archives. On m'y accueillit en m'octroyant une petite place au bout d'une table chargée de dizaines de classeurs. Lors de la première journée, je fus déçu : ce que je pouvais consulter n'apportait pas d'éléments nouveaux par rapport à ce dont je disposais. Lorsque je me suis ouvert de ma déception au directeur, il m'a livré ma première leçon : « Vous avez cherché les documents qui concernent exclusivement Moulin : c'est une erreur. Dans les archives, on ne trouve jamais là où l'on cherche. Les choses les plus intéressantes se découvrent où on ne les attend pas. » J'ai passé les trois années suivantes à y travailler de cette façon. Mes premiers ouvrages sur Moulin doivent beaucoup à la bienveillance de Cézard puis de celle qui lui a succédé, Chantal Bonazzi. Tous deux m'ont accordé toutes les dérogations nécessaires pour que je puisse poursuivre mon travail.

Un incident éclaire suffisamment le privilège qui me fut accordé. Quelques jours après le début de mes recherches, une dame fort élégante, collaboratrice de Cézard, ouvrit la porte de la pièce où je travaillais. Surprise par ma présence, elle vint vers moi : « Qu'est-ce que vous faites ici ? » S'approchant de ma table, elle ajouta : « Vous n'avez pas le droit de prendre de notes. Vous n'avez pas non plus le droit d'avoir plus d'une "boîte" ouverte à la fois. » Puis elle s'en alla en claquant la porte. Aussitôt, je suis allé voir Cézard en lui signalant que j'avais moi-même classé ces archives, il y avait plus de quarante ans... C'était mon histoire et celle de mes camarades, et aujourd'hui on voudrait m'interdire de prendre des notes ! Durant les trois ans qui ont suivi, je n'ai plus reçu une seule visite, ni rencontré une seule difficulté.

Réfutation de Frenay

Au départ de mon travail, je voulais seulement répondre à la calomnie de Frenay : « Jean Moulin était-il "cryptocommuniste" ? » Avant tout, je cherchais à savoir s'il existait des documents prouvant la vérité des accusations de Frenay. En un sens, je souhaitais découvrir la preuve qu'il avouait ne pas avoir trouvée : comme lui, pourtant, je n'ai rien déniché. J'ai découvert, en revanche, des documents que j'ignorais et qui prouvaient tous l'aberration de cette accusation ! Le plus incontestable d'entre eux était une lettre de Joseph* (Georges Beaufils, chef des FTP de zone nord) adressée au mois de juin 1943 à Fernand Grenier, représentant du parti communiste à Londres. Beaufils s'y plaint de ce que Moulin ne lui a jamais versé les mensualités promises par Passy* : « On ne nous donne plus d'argent, et nous ne pouvons faire face à nos obligations. » Recevant cette lettre, Grenier avait fait un esclandre devant André Philip, qui avait exigé que les successeurs de Moulin reprennent les versements. À partir de cette trouvaille, je pus rassembler en quelques semaines d'autres pièces confirmant que l'accusation de Frenay était calomnieuse : j'avais atteint mon but !

Mais mon travail n'était pas achevé. À la lecture des archives, il apparaissait que la mission Moulin, telle qu'elle était relatée par les historiens Michel et Noguères — qui, pour l'essentiel, s'appuyaient sur des témoins —, contenait de graves inexactitudes. Si je voulais rétablir la vérité, je devais poursuivre mes recherches et les étendre à l'ensemble de la mission de Moulin, de 1941 à 1943.

Six ans après l'émission de 1977, mes recherches aboutirent à un premier manuscrit, qui devait être publié à l'occasion du quarantième anniversaire de la mort de Moulin, en 1983. Le hasard m'avait fait rencontrer Pierre Lefranc, un ancien camarade de guerre qui dirigeait chez Plon une collection sur la Résistance. Il me proposa de le publier. Mais lorsque le manuscrit lui fut soumis, son comité de lecture se rétracta, considérant que mon texte était illisible ! Durant cette période, je fus invité par Jean-Pierre Azéma et François Bédarida à venir parler à la Sorbonne. C'était à l'occasion d'un colloque organisé par l'Institut d'histoire du temps présent (IHTP) pour commémorer les quarante ans de la fondation du Conseil national de la Résistance (CNR). Cette conférence et les controverses qu'elle suscita changèrent le sens de mon travail.

La Sorbonne, 1983

De 1978 à 1983, j'avais travaillé souterrainement, sans jamais rendre publiques mes recherches. La préparation de cette conférence me demanda beaucoup de travail, d'autant que je m'appuyais sur des documents inédits. À propos de mon intervention, je me souviens encore de l'une de mes dernières conversations avec Cézard. Nous étions convenus tous les deux qu'elle ne susciterait aucune polémique puisqu'elle s'appuierait sur des documents irréfutables. Comme nous étions naïfs... Le texte de la conférence avait en outre occasionné des discussions avec Azéma, auquel je l'avais soumis. Je voulais notamment conclure en précisant que je n'étais pas un « résistant », mais un Français Libre, ce qu'Azéma m'avait vivement déconseillé...

Je me souviens du grand silence qui régnait pendant que je parlais. Vitia Hessel pleurait, son mari Stéphane était très ému : c'était l'aboutissement public d'une partie de notre travail commencé avec la rédaction du « Livre blanc », en 1944 ! L'intervention dura plus d'une heure, puis donna lieu l'après-midi à une table ronde, présidée par René Rémond. Il y avait là les fondateurs de la Résistance : Bourdet, Claudius-Petit, Grenier, Copeau, Cotton, Mayer, etc. Un homme manquait : Frenay. Il n'y avait pas non plus de représentant de la zone nord, à l'exception de Pineau. Quant à Manuel, il était seul pour représenter la France Libre ! Tous prirent la parole les uns après les autres. À l'exception de Mayer, ce fut une rafale de critiques des résistants. Pineau prétendait même que je mentais. Bourdet, avec qui j'avais d'amicales relations, clama, après quelques éloges polis, que mon intervention était inadmissible...

Parmi les attaques les plus outrées, celles de Mme Brossolette furent surprenantes : en réalité, il s'agissait d'un règlement de comptes avec Moulin. À cause de Passy*, je ne m'étais pas étendu sur le conflit entre Moulin et Brossolette, bien que je l'aie brièvement mentionné, comme l'avait fait avant moi Noguères dans ses ouvrages[1]. C'est peut-être grâce à la vivacité de son intervention que je pris conscience que ce passé était « trafiqué » depuis la Libération. Je me souviens encore que Bédarida, assis à côté de moi, me tapa gen-

1. Le texte publié de ce colloque a bien évidemment été corrigé (*Jean Moulin et le Conseil national de la Résistance*, Éditions du CNRS, 1983). Pour connaître le déroulement exact de la séance, il est préférable d'écouter l'enregistrement, qui est conservé à l'IHTP.

timent sur la main en me réconfortant : « Ne vous inquiétez pas, un colloque, c'est toujours comme ça : celui qui fait le travail est cloué au pilori ! »

Cinq historiens (Claire Andrieu, Azéma, Bédarida, Hostache et Noguères) avaient été conviés à la séance. Pour eux, elle fut précieuse : j'avais mis le doigt sur l'ensemble des dissensions qui avaient précédé la constitution du CNR et surtout l'hostilité des principaux mouvements à l'encontre de Moulin. J'avais réussi à faire vivre son fantôme, et les résistants retrouvaient le vocabulaire d'autrefois pour le condamner ! Quelqu'un a d'ailleurs dit : « On se croirait retourner quarante ans en arrière lorsqu'il était parmi nous ! » En effet, chacun des présents put comprendre ce jour-là ce que la plupart d'entre eux pensaient véritablement de Moulin. Cézard, qui était assis au premier rang, n'en revenait pas. Après mon intervention, Alain Savary, qui présidait la séance, conclut : « Peut-être apparaîtra-t-il qu'il est plus facile de faire l'histoire que de l'écrire ou de la commenter. »

Tout le monde s'attendait à ce que j'intervienne en tant que témoin, alors que je prétendais m'exprimer en historien et fondais mon exposé sur les archives. J'avais soigneusement pris garde de ne faire intervenir aucun témoignage et de m'en tenir aux documents que je révélais. Alors que je gardais en tête ce que Moulin m'avait dit au sujet du Front national, je refusais de l'utiliser comme une preuve établissant quoi que ce soit. Cela donna d'ailleurs lieu à un échange particulièrement hostile avec Pineau, qui m'accusa de mentir, ajoutant qu'il avait rencontré Moulin en mars 1943. Je lus alors assez longuement à la tribune un rapport de Pineau arrivé à Londres en septembre 1942 qui démentait radicalement ses propos : Pineau fut publiquement confondu[1].

Après la table ronde, les historiens m'invitèrent dans un

1. Cf. *infra*, p. 69.

bistrot du Quartier latin. Je me vois encore leur affirmant que je n'étais pas un historien. Ils avaient beau prétendre le contraire, j'avais l'impression d'être un imposteur qui cherchait à tromper la bonne foi de professionnels, bien que je les respecte plus que tout ! Aujourd'hui encore, dans mon travail, j'espère avoir touché du doigt la vérité historique. Cela ne fait pas de moi, hélas, un historien professionnel…

Pourtant, depuis ce jour, les historiens — Azéma, Bédarida, mais également Rémond — m'ont considéré comme un des leurs. Azéma affirma que la question de l'opposition entre Brossolette et Moulin lui semblait très neuve, de même que la mise en évidence de l'hostilité de Moulin à l'égard de la Résistance communiste. Lors de la publication de cette journée, Bédarida rédigea une préface élogieuse au sujet de ma conférence.

« L'Inconnu du Panthéon » et la controverse de 1989

Le soutien des historiens lors de cette douloureuse séance m'avait convaincu de consacrer une œuvre de grande ampleur à Jean Moulin. Celle-ci devait désormais couvrir l'ensemble de sa vie, depuis son enfance jusqu'à sa disparition. Plon ayant refusé mon premier texte, je migrai chez Jean-Claude Lattès par l'entremise de mon ami Frédéric Ditis. Après avoir fondé la collection « Le Masque », puis « J'ai lu », Ditis avait pris la direction du « Livre de Poche » chez Hachette. Nos relations reposaient entre autres sur notre passion commune pour l'art contemporain : Ditis avait été un collectionneur particulièrement attentif au style d'art que j'avais exposé dans ma galerie dans les années 1950.

Mon nouvel éditeur, Mme Lattès, restait sceptique à l'idée d'une biographie consacrant une large place à l'activité de préfet de Moulin, et dont elle voyait de mois en mois qu'elle prenait des dimensions inhabituelles… Après cinq ans, en 1989, j'avais achevé les deux premiers tomes, de neuf cents et huit cents pages. Ils s'ouvraient sur la naissance et l'enfance de Moulin et s'arrêtaient en novembre 1940, lors de son entrée dans la Résistance. Rien de ce qui avait fait sa légende n'était encore abordé[1] ! « Moulin est l'homme de la Résistance, me dit-elle. Parler de sa vie de préfet n'a aucun intérêt pour le public. Il y en a plus de mille six cents pages ! Vous devriez rédiger une préface pour en justifier l'intérêt. » La malheureuse ne savait pas ce qu'elle faisait ! Ce qui devait être une préface de vingt pages devint une introduction de plus de trois cents pages. Il faut se méfier de moi quand on est éditeur…

Cette préface, dans laquelle j'expliquais la mission de Moulin et le postulat de ma démarche — s'appuyant sur l'usage des documents et non des témoignages —, suscita de violentes discussions dans la presse. *Le Monde* et *Le Nouvel Observateur* publièrent, par deux fois, des témoignages de chefs de la Résistance prétendant que ce que j'affirmais était faux, mon rôle ayant été tout à fait mineur durant la guerre : j'apportais aux résistants la vérité sur leur histoire, et ils ne la reconnaissaient pas ! Mais, à cette occasion, la plupart des historiens m'ont soutenu. Bien plus tard, ils m'ont confié que mon travail leur avait servi à affranchir leurs recherches de l'autorité écrasante que faisait peser le témoignage des grands résistants.

Cette campagne ne fut interrompue que par la chute du mur de Berlin, en novembre de la même année…

Si cette préface suscita une telle controverse, c'est en raison de la publication du « Manifeste du Mouvement de la Libération nationale » rédigé par Frenay en novembre 1940.

1. D. CORDIER, *Jean Moulin. L'inconnu du Panthéon*, 2 vol., *op. cit.*

Je connaissais ce texte par la citation qu'en avait donnée Frenay, en le datant de juillet 1940, dans *La nuit finira* : « Puisse le maréchal Pétain vivre assez longtemps pour assister au couronnement de son œuvre[1]. »

J'ai pensé qu'il était intéressant d'aller regarder dans les archives ce premier grand manifeste d'un mouvement de Résistance, d'autant que Frenay expliquait dans ses Mémoires qu'il regrettait d'en avoir perdu l'original. En dépit de vérifications sur les tracts ou déclarations publiés jusqu'à Noël 1941, il était introuvable aux Archives... Après deux ou trois ans d'oubli, je tombai par hasard sur une version du texte dans les archives du BCRA. Elle se trouvait parmi des pièces placées dans un dossier intitulé « Libération nationale » et daté de novembre 1941[2].

Ce texte de trois pages était fort différent des lignes qu'en citait Frenay. À mes yeux, il était capital, car il offrait enfin la clé pour comprendre le conflit entre Frenay, Moulin et de Gaulle. Rédigé six mois après l'appel du 18 juin, ce texte fondateur de la Résistance en zone sud rivalisait avec lui. Il témoignait d'une extraordinaire vision de l'avenir de la Résistance, qui devait déboucher sur une révolution politique nationale. Bien entendu, cette vision ne devait rien à de Gaulle, qui n'était pas même cité ! Au fond, le « Manifeste » permettait de comprendre pourquoi Frenay s'était posé pendant la guerre en inventeur de la Résistance armée en France et refusait toute soumission à Londres. Je tenais la clé décisive pour comprendre le conflit entre, d'un côté, Moulin et le général de Gaulle et, de l'autre, les chefs de la Résistance et Frenay.

Ce qui mit le feu aux poudres fut ma datation du « Manifeste » non de *juillet*, mais de *novembre* 1940, comme il était

1. H. Frenay, *La nuit finira, op. cit.*, p. 28.
2. BCRA, 376, 2.

indiqué dans le dossier du BCRA. « Puisse le Maréchal Pétain avoir une vie suffisamment longue pour nous soutenir alors de sa haute autorité et de son incomparable prestige » : cette phrase attestait que la fidélité au maréchal Pétain fut longue à se dissiper, même au sein des mouvements les plus précoces à s'engager dans la Résistance, fait admis par tous les historiens.

On m'accusa d'avoir condamné Frenay pour antisémitisme, ce qui était faux. La seule chose, indéniable, que j'ai écrite est que Frenay avait posé aux adhérents de Combat les mêmes conditions que l'armée d'armistice exigeait des Juifs : *être des anciens combattants de la guerre de 14*[1]. Surprenant de la part d'un homme qui, par la suite, évolua au point de rejoindre finalement le camp socialiste...

La polémique prit des proportions considérables en grande partie en raison du refus de mon éditeur de publier en annexe l'intégralité du document. Certains affirmèrent que j'avais commis un faux... Noguères rédigea un long compte-rendu précisant que jamais Frenay n'aurait pu rédiger un tel texte[2] ; Chevance-Bertin dénonça une « machination d'un deuxième classe de la Résistance[3] ». Un comité des anciens de Combat, rassemblant, sous la conduite de Bénouville, Jacqueline Bernard, Bourdet, Chevance-Bertin et l'abbé de Naurois, vérifia aux Archives nationales l'exemplaire que je prétendais avoir trouvé. Ce groupe bénéficiait du soutien de l'Élysée, qui suivait attentivement la polémique. Chantal Bonazzi, la directrice, ouvrit ses portes au groupe de Combat, qui put constater que le document était authentique et mes citations conformes à l'original.

1. D. CORDIER, *Jean Moulin. L'inconnu du Panthéon*, t. I, *op. cit.*, pp. 25-26.
2. Henri NOGUÈRES, « Les biographies les plus longues ne sont pas forcément les meilleures », *Le Monde*, 15 novembre 1989.
3. Maurice CHEVANCE-BERTIN, *Le Monde*, 10 novembre 1989.

Azéma, qui approuvait ma démarche depuis le début des années 1980, me proposa de publier ce document intégralement dans *Le Monde*. Le directeur des Archives fut obligé d'en demander l'autorisation expresse à François Mitterrand, qui refusa... Il fallut attendre 1993 et la parution du tome III de *L'Inconnu du Panthéon* pour qu'il soit rendu public[1]. Frenay était mort depuis cinq ans...

Lors de cette controverse, la tension entre résistants et combattants de la France Libre fut à son comble. La quasi-totalité des dirigeants de la Résistance firent chorus contre mon travail[2], à l'exception notable de Jean-Pierre Lévy, mais aussi de Bourdet, dont j'étais proche et qui a adouci progressivement ses positions. En revanche, les anciens représentants de la France Libre et les chefs du BCRA encore vivants, comme Serreulles, Bienvenue*, Passy* surtout, m'ont totalement soutenu. Alors que je dînais un soir avec Ditis, le téléphone sonna : « C'est pour toi. » Je pris le combiné : « Allô, Daniel ? » C'était Passy* : « J'ai voulu vous dire que je pensais à vous. Tenez bon, je suis avec vous. Vous êtes le plus fort parce que vous avez les documents. Là est la vérité. N'oubliez pas que les anciens sont avec vous. » Ce soir-là, comme autrefois, c'était « mon colonel » qui m'encourageait à être digne du BCRA, c'est-à-dire de nos morts. Le lendemain, *Le Figaro* publiait une interview du même Passy* qui volait sans nuance à mon secours. Ce me fut d'un grand réconfort : lui seul à mes yeux avait l'autorité pour dire le droit !

1. D. CORDIER, *Jean Moulin. L'inconnu du Panthéon*, t. III : *De Gaulle, capitale de la Résistance, novembre 1940-décembre 1941*, JC Lattès, 1993, pp. 1286-1289, avec un long commentaire pp. 946-1067.

2. Voir Claude BOURDET, « Cordier va trop fort », *Le Nouvel Observateur*, 26 octobre 1989.

Mitterrand soutient Combat

Dans cette controverse, Mitterrand est indirectement intervenu à plusieurs reprises pour soutenir les anciens de Combat, dont il était proche. L'année précédente, il avait d'ailleurs honoré Frenay de la distinction de grand officier de la Légion d'honneur, ce qui m'avait scandalisé — j'avais alors demandé ma radiation de cet ordre ! En 1989, indigné qu'on ait touché à Frenay, Mitterrand avait convoqué le ministre de la Défense pour obtenir des informations à mon sujet.

Un de ses amis me rapporta qu'au moment de cette polémique, alors qu'il lui demandait : « Est-ce que vous avez lu Cordier ? », Mitterrand lui aurait répondu : « Non seulement je ne l'ai pas lu, mais je ne le lirai jamais. » Il est vrai que, dans mon livre, j'avais publié une lettre de Frenay à Bourdet, du 21 mars 1944, dans laquelle le premier confiait au second avoir rencontré Mitterrand et qu'il fallait s'en méfier[1] ! L'hostilité de Mitterrand à mon endroit remonte, sans doute, à un épisode antérieur de quelques années. Peu de temps après son élection, en 1981, je lui avais envoyé un document que j'avais retrouvé dans les archives. Il s'agissait du rapport d'un officier du BCRA, de juillet 1943, date à laquelle Mitterrand tentait de prendre contact avec la France Libre. À en croire cet officier, Mitterrand menaçait de rejoindre Giraud si la Résistance ne lui faisait pas la place qu'il estimait mériter !

1. « C'est dans la mesure où, techniquement, nous réussirons, mais aussi où nous préparerons le climat de leur retour [des prisonniers de guerre] que nous pourrons avoir une certaine autorité, laquelle pèsera lourd sur les destinées politiques du pays. C'est la raison pour laquelle il est indispensable, je crois te l'avoir déjà dit, que tu entretiennes les relations les meilleures et surveilles de près l'action de Charrette* (Michel Cailliau) et Morland* (Mitterrand), que tu pousses à leur union de toutes tes forces, que tu leur viennes en aide par tous les moyens. »

Ce document marquait de façon incontestable sa date de ralliement — pour le moins tardive — à la Résistance. En l'envoyant au président, je lui précisais qu'il constituait une preuve irréfutable de son engagement dans la Résistance. *Trois mois plus tard,* il me répondit en me remerciant de façon assez équivoque, m'assurant notamment de l'émotion qui avait été la sienne à la vue du document, qui le replongeait dans un lointain passé.

Au début des années 1990, Mitterrand tenta de suivre l'évolution de mon travail, qu'il continuait semble-t-il de craindre. Lorsque je venais à Paris, je voyais régulièrement Passy*, avec qui je m'étais réconcilié. Je lui soumettais chacune de mes découvertes ou de mes hypothèses. En 1993, alors que je dînais chez lui, il me dit en me montrant un fauteuil : « Devinez qui était là il y a deux jours. » Je savais que Mitterrand et lui étaient devenus amis. Leur relation était pourtant loin d'être simple, faite d'intérêts réciproques bien compris : Mitterrand s'était montré à plusieurs reprises à ses côtés devant les caméras : Passy* lui offrait la caution de la Résistance ! Quand ce dernier s'était rendu compte de cette instrumentalisation, il avait été profondément déçu et avait pris ses distances. À plusieurs reprises, il avait refusé de le rencontrer. Cette fois-ci, Mitterrand avait insisté, et il l'avait reçu. Passy* devait rapidement comprendre que le Président n'était pas venu pour prendre une tasse de thé et ressasser des souvenirs de la guerre.

Au bout d'un quart d'heure, Mitterrand lui demanda : « Est-ce que tu as lu le livre de Cordier ? » Passy* aurait répondu : « Oui, je l'ai lu, j'en ai même corrigé certains passages.

— Qu'est-ce que tu en penses ?

— C'est passionnant.

— Mais est-ce sérieux ?

— Il dit la vérité. »

Passy* lui aurait répété, catégorique : « Tous les documents du BCRA sont la vérité. Ceux qui voudront faire le même travail que Cordier aboutiront aux mêmes conclusions ! » Mitterrand aurait gardé le silence avant de répondre : « Malheureusement, c'est bien ce que je pensais… » Puis il mit fin à l'entretien. La conversation eut lieu au moment même où Pierre Péan allait sortir son livre sur la jeunesse de Mitterrand[1].

« La République des catacombes »

Après la parution des deux premiers tomes de *L'Inconnu du Panthéon*, deux autres volumes étaient prévus, qui auraient dû couvrir l'action de Moulin jusqu'à son arrestation en 1943. Le tome III, qui devait s'achever sur son retour de Londres, le 2 janvier 1942, a progressivement enflé pour atteindre mille cinq cents pages ! Paru en 1993, il s'intéressait essentiellement à l'enquête conduite en France par Moulin sur les mouvements de Résistance (de novembre 1940 jusqu'à l'automne de 1941) et son départ pour Londres. Or, je n'avais pas trouvé grand-chose au sujet de cet épisode capital, sur lequel les documents manquaient cruellement. Qu'avait-il fait ? Qui avait-il rencontré ? Laure Moulin écrit qu'il avait vu beaucoup de gens pendant ces dix mois, mais hormis quelques noms, notre information demeurait lacunaire, d'autant que Moulin n'avait rien écrit sur le sujet. Pour montrer quel était l'état de la France au printemps de 1941, j'ai eu l'idée de faire une revue de presse — elle couvrait plus de cent pages ! On y voyait ce que publiaient les journaux et quel était l'état d'esprit du pays et

1. Pierre Péan, *Une jeunesse française. François Mitterrand, 1934-1947*, Fayard, 1994.

du gouvernement. C'est une méthode que je m'étais fixée au fur et à mesure de mon travail : s'il y a des documents, on les cite, s'ils manquent, on essaie indirectement de placer différents éléments en situation.

À cette occasion, je souhaitais revenir sur les débats de 1983 et répondre aux critiques de 1989, dont certaines avaient été extrêmement violentes. Les annexes comportèrent pour cette raison de très nombreux documents *in extenso*, dont le « Manifeste » de Frenay de novembre 1940. Ce volume eut un destin contrarié. Effrayées par les dimensions que prenait ma biographie, les personnes qui avaient succédé à Mme Lattès ne voulaient plus en entendre parler et refusèrent de tirer l'ouvrage à plus de dix mille exemplaires[1]. C'est à ce moment, en 1994, que Serge Berstein me demanda de faire un exposé dans son séminaire à l'Institut d'études politiques. Dans l'assistance se trouvait Jeannine Verdès-Leroux, un auteur proche des éditions Gallimard. Deux jours plus tard, je reçus un coup de téléphone de Pierre Nora, que je ne connaissais pas, en dépit des relations amicales que j'avais entretenues dans les années 1950 avec son frère Simon. Il tenait à ce que je publie mes Mémoires dans ses collections. Ce qui l'intéressait était ma trajectoire, rare selon lui, de l'extrême droite à la gauche. Je m'engageai alors à lui rendre le manuscrit de mes Mémoires en 1997. Ce que je fis... douze ans plus tard, en mettant un point final à *Alias Caracalla.*

Dans la perspective du centenaire de la naissance de Moulin, il m'avait en outre convaincu de reprendre mon travail pour écrire de manière synthétique l'histoire de l'ensemble de la mission Moulin. Le livre deviendrait en 1999 *Jean Moulin. La République des catacombes.* Mais le projet changea pro-

1. Ils furent vendus rapidement. En dépit de mes demandes, le livre ne fut jamais réimprimé.

gressivement d'envergure. Alors que j'envisageais à l'origine de republier, en l'améliorant grâce à l'apport de nombreux documents, ma préface de 1989, j'ai amplement débordé ce projet initial pour retracer l'histoire de la direction de la Résistance pendant l'ensemble de la guerre, depuis 1940 jusqu'à la libération de Paris, le 26 août 1944.

Bien qu'avec douze mille exemplaires vendus il n'ait pas rencontré le succès de mes premiers livres, je considère que cet ouvrage représente l'achèvement de l'ensemble de mon travail d'historien, inauguré par accident un soir d'octobre 1977...

CHAPITRE III

Discours de la méthode

Il est difficile de résumer en quelques mots un travail qui s'est déployé sur plus de vingt ans. Une exigence me semble avoir orienté ma lecture de l'histoire de « la Résistance des chefs ». En rectifiant la chronologie des événements, en repensant l'ensemble de la mission de Moulin, je me suis attaché à éclairer ce qui était au cœur de ma vie de soldat de la France Libre : l'antagonisme qui opposa durant toute la guerre les chefs de la Résistance au général de Gaulle.

Un document inédit me servit de sésame pour une lecture nouvelle de l'histoire de la France combattante. Il s'agit du premier ordre de mission militaire du général de Gaulle adressé à Moulin. Ce document constitue le pendant du « Manifeste du Mouvement de la Libération nationale » de Frenay, puisqu'il permet d'expliquer toutes les difficultés que la France Libre et Jean Moulin ont rencontrées avec les chefs de la Résistance. De Gaulle s'est toujours considéré comme un chef d'État et comme un chef des armées. Les dirigeants de la Résistance acceptaient qu'il soit le chef de l'État — comment auraient-ils d'ailleurs pu s'y opposer sans entrer en conflit avec leurs propres troupes, qui adulaient le Général ? En revanche, sur le plan militaire, les chefs — Frenay au premier rang — ont refusé le moindre pouvoir à de Gaulle et à son représentant. Eux seuls incarnaient l'armée de la Résistance : l'organisation, le commandement et les objectifs leur revenaient de droit ! De Gaulle ne pouvait admettre que la France combattante ait un autre commandant en chef que lui. C'est le sens de la mission qu'il confia à Moulin. Comme le raconte d'ailleurs Frenay dans *La nuit finira*, lorsque, en janvier 1942, Moulin lui présenta son ordre de mission à Marseille, l'affrontement devint inéluctable.

Il convient de rappeler qu'il n'y eut pas « une » Résistance, mais « des » Résistances. Alors que certains Français ont combattu au nom de la défense de la patrie, d'autres se sont engagés « politiquement » ou « idéologiquement », comme les communistes (entrés officiellement dans la Résistance à partir de juin 1941), les socialistes ou certains groupes proches de *Témoignage chrétien*. Par ailleurs, les mouvements de résistance patriotique ont pris en se développant une coloration de plus en plus politique, et cette politisation croissante a constitué, en particulier en zone occupée, un obstacle à l'unification.

Seul un homme venu de l'extérieur pouvait réunir ces groupes antagonistes. Mais fédérer les différents mouvements de Résistance ne suffisait pas : il convenait d'établir une liaison avec l'Angleterre, qui disposait des moyens matériels d'aider la Résistance. Après avoir rencontré de Gaulle à l'automne de 1941, Moulin fut parachuté en zone libre avec les pleins pouvoirs pour réaliser cette union des forces combattantes. Son expérience professionnelle au sein de la préfectorale en faisait un homme d'autorité. Il est certain qu'il a fait marcher les gens d'un pas plus « cadencé » qu'ils ne l'auraient voulu ! Sa mission fut une réussite : d'abord en faisant reconnaître de Gaulle comme le représentant de la Résistance ; ensuite en demandant aux chefs des mouvements de placer leurs forces militaires sous le commandement du Général ; puis en faisant nommer le général Delestraint à la tête de l'Armée secrète dans les deux zones ;

enfin en réunissant le Conseil de la Résistance[1], composé de représentants des mouvements de Résistance, des anciens partis politiques et des syndicats. Moulin a ainsi fédéré *les* Résistances et les a soumises à l'autorité du seul chef possible pour *la* Résistance, le général de Gaulle.

Frenay eut le mérite de comprendre, lui aussi, que l'unification de la Résistance était inévitable. Mais son caractère était tel qu'il ne réussit jamais à fédérer l'ensemble des mouvements des deux zones. En zone sud — bien qu'il soit parvenu à dévorer le mouvement « Liberté » fondé par François de Menthon —, il s'est cassé les dents sur Emmanuel d'Astier de La Vigerie, un vieux renard. Cependant, en janvier 1943, il a réussi à fédérer les trois mouvements de zone sud, en maintenant leurs journaux respectifs (*Combat*, *Libération* et *Franc-Tireur*[2]).

Archives contre témoins

N'ayant aucune expérience de l'écriture de l'histoire, au départ de mon travail, je n'avais aucune idée de la manière dont il devait s'organiser. C'est peu à peu que je me suis fabriqué une méthode empirique en essayant de corriger les défauts que j'observais dans les travaux antérieurs. Le cœur de ma démarche fut toujours de m'appuyer sur les documents d'archives et non sur les témoignages des acteurs de la guerre.

En refusant une histoire fondée sur les témoignages, mon travail entrait en contradiction avec la façon dont les histo-

1. Ce rassemblement initié par Moulin fut désigné sous ce nom jusqu'à l'automne de 1943, où son successeur le rebaptisa Conseil national de la Résistance (CNR).
2. Ce qui ne fut jamais tenté par Claude Serreules en zone nord.

riens, depuis la fin du conflit, abordaient l'histoire de la Résistance. Lucien Febvre lui-même, au lendemain de la guerre, défendait une histoire qui aurait été écrite par ses propres acteurs, puisque « l'histoire se fait avec la vie encore chaude[1] ». Il écrivait encore en 1954 : « [J]e dis que les hommes qui ont participé directement à la mêlée tragique d'entre 1940 et 1944 — il serait plus juste de dire, entre 1938 et 1945 — ont non seulement le droit, mais le devoir, le devoir impérieux, le devoir absolu de traduire leur vérité à eux. De donner leur version des événements[2]. » Le discours des historiens devait ainsi se placer sous le contrôle des témoins, dont le récit était « contresigné par des milliers de sacrifices ».

Cette soumission de l'histoire aux récits des grands témoins a produit, à mon sens, un nombre considérable d'erreurs. L'œuvre d'Henri Noguères, aujourd'hui oubliée des historiens, constitue à cet égard le plus bel exemple de l'histoire-témoignage, c'est-à-dire du danger que représentent les témoins quand ils prétendent imposer à l'histoire les interprétations suggérées par leur mémoire. Les vérifications ultérieures des historiens l'ont souvent prouvé : les dossiers de Noguères rédigés sous le contrôle des témoins ne sont pas crédibles !

J'ai pu observer à mes dépens à quel point un souvenir personnel peut être erroné. En voici un exemple. Après la guerre, j'ai cru que Moulin m'avait envoyé visiter le Vercors avec Farge en novembre 1942. Cette conviction reposait sur l'association de deux souvenirs : m'être rendu dans le Vercors durant une période où Moulin attendait un avion pour

1. Lucien FEBVRE, « Une tragédie : trois comptes rendus, 1940-1944 », *Annales*, ESC, 1948, pp. 51-68 ; ici p. 52. Febvre ajoutait : « À condition que cela soit de la vraie vie, recueillie, sans trucage, sans mensonge. »

2. ID., « Avant-propos », *in* Henri MICHEL et Boris MIRKINE-GUETZEVITCH (dir.), *Les Idées politiques et sociales de la Résistance. Documents clandestins, 1940-1944*, PUF, 1954, p. XI.

Londres qui ne venait pas ; et avoir été transi de froid. Or, à Lyon, le mois de novembre 1942 fut glacial ! Pour ces deux raisons, ce souvenir s'est fixé dans ma mémoire à cette date, et c'est ainsi qu'il vit toujours en moi.

À la fin des années 1950, à Paris, je rencontrai rue des Beaux-Arts Pierre Dalloz, « inventeur », avec Jean Prévost, du maquis du Vercors. Je ne l'avais pas revu depuis 1944. Il ne me reconnut pas. « Souvenez-vous, lui ai-je dit, nous nous sommes rencontrés avec Farge au pied du Vercors. » C'était un homme assez distant. Pour rompre le silence, j'ai ajouté : « Il faisait un froid terrible, c'était au mois de novembre.

— Vous n'êtes jamais venu au mois de novembre.

— Mais si, avec Farge !

— C'était fin janvier. »

Surpris par cette affirmation, je voulus la vérifier immédiatement. Elle se trouvait sur la feuille des versements d'argent de Rex* que, tous les mois, je devais envoyer à Londres. À la date du 28 janvier, je trouvai la mention suivante : « Farge 20 000 francs ». Jamais auparavant je ne lui avais donné la moindre somme ! Dalloz avait donc raison. Ce voyage, dont je m'étais souvenu durant trente ans comme ayant été effectué en novembre, avait eu lieu le 27 janvier ! Pourtant, ma découverte de sa date exacte n'a en rien altéré la force des souvenirs qui m'ont longtemps convaincu que le voyage avait eu lieu en novembre 1942...

Lors de différentes confrontations que j'ai eues avec plusieurs grandes figures de la Résistance, j'ai fait plus d'une fois l'expérience du peu de crédibilité des témoignages. Un cas exemplaire est celui de Pineau. Lors de la soirée des « Dossiers de l'écran », le 11 octobre 1977[1], j'étais son voisin de plateau. Pineau ne se souvenait visiblement plus de ma

1. Voir *supra*, p. 28.

présence aux côtés de Moulin autrefois. En attendant le début de l'émission, je lui manifestai mon plaisir de le revoir et la satisfaction de savoir qu'il pourrait témoigner de l'action de Moulin, grâce au rôle politique que lui-même avait joué dans la genèse du Conseil de la Résistance. Il me regarda surpris : « Vous vous trompez, je n'ai pas connu Jean Moulin en 1942. Je ne l'ai vu que deux fois dans ma vie : à Londres, au début de 1943, où je lui ai expliqué ce qui se passait en zone occupée, qu'il ignorait complètement, puis en prison, où je l'ai revu alors qu'il était dans un état pitoyable. »

Ces propos m'étonnèrent, car d'août 1942 à janvier 1943 j'avais effectué la liaison entre Pineau et Moulin, préparant leurs rendez-vous et apportant à Pineau les courriers qu'il acheminait à Londres. J'avais de nombreux souvenirs de nos rencontres à Lyon dans des lieux précis, mais aussi de discussions entre Bidault, Manuel et Moulin au sujet de l'action que ce dernier avait menée au mois de décembre 1942 en vue de la constitution d'un Conseil de la Résistance. Je me rappelais en particulier l'agacement que provoquaient chez Moulin ses initiatives politiques, qu'il jugeait souvent intempestives et désordonnées. D'où ses télégrammes à Londres. Ce soir-là, je me suis bien gardé de répliquer. Après tout, n'ayant jamais évoqué cette période avec quiconque, je pouvais être trahi par ma mémoire.

Cependant, la contradiction me tracassait : l'un de nous se trompait. Désireux de résoudre l'affaire, je lus avec le plus vif étonnement son ouvrage *La Simple Vérité* et découvris que, dans le récit de sa mission durant l'été et l'automne de 1942, il oubliait de mentionner ses relations avec Moulin ainsi que son action en faveur du Conseil de la Résistance[1]...

1. Christian PINEAU, *La Simple Vérité, 1940-1945*, Julliard, 1960.

Ma mémoire avait-elle inventé les faits, pourtant précis, dont je me souvenais ? J'ouvris mes caisses d'archives afin de consulter les documents que j'avais conservés. Je fus rassuré : j'ai trouvé dans les télégrammes ou les rapports de Pineau et de Moulin — mais aussi dans ceux de Manuel et Brossolette — la preuve irréfutable non seulement de leurs relations permanentes (à cette époque), mais de l'importance du rôle politique joué par Pineau dans la mise au point du projet de Conseil de la Résistance.

De telles défaillances concernant une partie des événements n'ont rien d'exceptionnel dans la mémoire d'un résistant. Mais les arguments utilisés par Pineau pour redresser l'erreur que je commettais à ses yeux le furent davantage. Lors du colloque de la Sorbonne de 1983, j'ai mentionné l'existence de ces télégrammes attestant les relations entre Moulin et Pineau dès 1942. Ce dernier persista à contester ces documents en arguant, contre l'évidence même, qu'il ne disposait pas de radio à cette époque. À la suite de ses dénégations, Pineau s'adressa aux historiens : « Ce qui me paraît le plus grave dans la déclaration de Daniel Cordier, c'est qu'il puisse exister quelque part des archives inconnues. » Puis il déclara que les historiens se devaient de savoir « quelle est la valeur des archives sur lesquelles ils vont travailler », ajoutant : « Et quand on me cite un télégramme que j'aurais envoyé à une époque où je n'avais pas de radio, je suis bien obligé de me demander qui a fait ce télégramme et comment il est venu là ! »

L'argumentation de Pineau ne lui était pas personnelle : c'est, en général, celle dont on se sert au cours des débats politiques. Pour convaincre un auditoire ignorant d'une question, on utilise un argument d'un grand effet : le soupçon. Grâce à des insinuations plus ou moins voilées, on crée un doute sur la matérialité des faits et des documents qui les prouvent. Cette méthode s'accompagne souvent — Pineau ne l'a heureusement pas fait — d'autres insinuations propres à déconsidérer la personnalité de l'adversaire, même si cela ne concerne pas directement le sujet débattu. En protestant publiquement contre mes découvertes et le rappel de ses actions occultées, Pineau révélait à quel point la mémoire peut induire en erreur et produire des vérités subjectives.

Questions de dates

Pour illustrer la nécessité de recourir aux documents contre les témoignages des acteurs, je donnerai deux exemples liés à l'activité de Moulin. Le premier concerne la date de sa première rencontre avec le général de Gaulle à Londres ; le second, son arrestation à Caluire en juin 1943.

De Gaulle relate dans ses *Mémoires de guerre* que Moulin est arrivé à Londres en « décembre » 1941 et qu'il a eu avec lui de longs entretiens dans le courant de ce mois-là. Cette date de leur première rencontre, déjà mentionnée par Passy* et Soustelle, semble à première vue insignifiante et relever du domaine ésotérique de l'érudition. Il n'en est rien.

Le hasard voulut que Frenay s'empare de cette affirmation afin d'étayer ses soupçons sur les « mensonges » de Moulin. Il avait remarqué, dans les souvenirs de Laure Moulin, une phrase prononcée par son frère lors de son retour de Londres en 1942. Répondant à une question de sa sœur qui lui demandait s'il avait rencontré à Londres son ami André Labarthe, alors directeur de la revue *France Libre*, Moulin aurait affirmé : « Je m'en suis bien gardé. J'ai fui les journalistes qui sont de grands bavards. Ma mission devait rester ignorée puisque, liaison faite, je revenais travailler en France[1]. »

1. L. MOULIN, *Jean Moulin*, *op. cit.*, p. 268.

Frenay s'étonne de cette réponse, car il rappelle, en s'appuyant sur les citations de Passy* et de De Gaulle, que Moulin ne rencontra le Général que *quinze jours* après son arrivée, qu'il situe dans le courant du mois de novembre ! Donc, durant un long laps de temps, Moulin était seul à Londres, n'ayant aucun projet de rentrer en France puisque aucune mission ne lui avait été confiée. Par conséquent, remarque Frenay, il n'avait aucune raison de se cacher, surtout d'un ami d'avant-guerre ! D'où son commentaire : « Cette réponse ne va pas sans laisser un certain malaise[1]. » D'autant plus, rappelle-t-il, que Labarthe était un communiste camouflé. Il soupçonne donc Moulin d'avoir menti afin de masquer une vérité nuisible à la confiance que de Gaulle lui avait accordée, et à la mission qu'il lui avait confiée ! Cette découverte fait partie des nombreuses « anomalies » que Frenay croit observer dans la vie de Moulin, et qui le conduisirent à forger son intime conviction, fondatrice de son accusation.

Ce détail chronologique insignifiant méritait donc d'être vérifié.

Après avoir dépouillé de nombreuses archives, j'ai découvert non seulement les dates exactes de l'arrivée de Moulin en Grande-Bretagne, le 20 octobre 1941, mais aussi celles de sa rencontre avec de Gaulle, le 25 octobre, ainsi que son premier ordre de mission militaire, à la suite d'une nouvelle entrevue entre les deux hommes, le 5 novembre, et enfin son ordre de parachutage, daté du 8 novembre. Tous ces documents prouvent *sans l'ombre d'un doute* que Passy* et de Gaulle se trompent sur la date d'arrivée de Moulin à Londres et de sa première rencontre avec le Général. L'échafaudage d'hypothèses bâties par Frenay sur cette « erreur » s'écroulait en

1. Henri FRENAY, *L'Énigme Jean Moulin*, Robert Laffont, 1984, p. 63.

présence des preuves attestant que Moulin avait dit la vérité à sa sœur !

J'ai montré à cette occasion que la première rencontre entre de Gaulle et Moulin avait été comme un « coup de foudre » — expression qu'on m'a reprochée, mais que je maintiens. Par cette formule, j'ai voulu souligner que l'un et l'autre se sont compris et surtout qu'ils se sont fait mutuellement confiance, et ce, jusqu'à la fin. C'est ce qui explique que Moulin ait refusé de travailler avec les Britanniques, qui tenaient pourtant en lui, en sa qualité d'ancien préfet, une recrue de choix.

Cet exemple à première vue anecdotique est important en ce qu'il révèle les mécanismes de la plupart des accusations de Frenay. Celle-ci s'appuie en l'occurrence sur une erreur de mémoire du Général. Comme Passy* et Soustelle avant lui, dans leurs Mémoires respectifs[1], ce dernier a commis cette inexactitude mineure sans y voir malice. Personne ne pouvait imaginer qu'elle deviendrait un jour, et sous la plume d'un grand résistant, l'arme d'une dénonciation infamante. L'épisode doit rappeler aux mémorialistes, et plus encore aux historiens, le danger que représente une affirmation quelconque, même la plus innocente en apparence, si elle n'est pas accompagnée de preuves correspondantes.

Cette affaire posait en outre une question troublante au sujet de la rédaction des Mémoires du général de Gaulle. Comment cet homme, qui prit un soin si minutieux à vérifier ses sources et à publier une masse de documents inédits, a-t-il pu se tromper sur ce détail ?

La réponse me fut donnée par le colonel Passy*. Elle tient à la politique qui fut celle du Général au sujet de ses propres

1. Colonel PASSY, *Souvenirs*, 2 vol., Solar, 1947-1951, et *Mémoires du chef des services secrets de la France Libre*, Odile Jacob, 2000 ; Jacques SOUSTELLE, *Envers et contre tout*, 2 vol., Robert Laffont, 1947-1950.

archives de guerre. Celle-ci n'avait rien d'anodin : alors que de Gaulle archivait tous les textes confidentiels de sa politique vis-à-vis des Alliés, ou ceux touchant l'organisation intérieure et la conduite de la France Libre, en revanche, il ne conservait aucun des documents concernant la Résistance que lui présentait régulièrement le chef du BCRA. Aussi, lors de la rédaction de ses *Mémoires de guerre*, en 1950, le Général ne possédait que ses propres souvenirs pour évoquer cette période. Ayant oublié certains détails, il fit venir Passy* dans sa propriété de la Boisserie, afin qu'il lui rappelle les péripéties de ses relations avec la Résistance. Les événements et les dates indiqués par Passy* dans ses *Souvenirs* se retrouvent donc, à l'identique, chez de Gaulle, même s'ils sont transfigurés par son style altier. On comprend pourquoi la quarantaine de pages qu'il consacre à la Résistance métropolitaine fourmillent d'erreurs, en particulier chronologiques, même si l'ensemble reflète fidèlement sa politique. C'est ainsi que d'un témoignage à l'autre, une tradition fausse s'est peu à peu construite, avant d'être reprise dans de très nombreux ouvrages d'histoire.

Il existe toutefois une autre source d'erreurs dans les Mémoires du Général, qui ne doit rien à Passy*. De Gaulle s'abandonne souvent à une facilité naturelle chez les mémorialistes, qui remplacent les faits oubliés par une reconstitution fondée sur la logique supposée de l'enchaînement des événements avec des faits antécédents ou postérieurs. L'apparence de la vérité est sauve sans que le lecteur soit capable de distinguer les déguisements de l'erreur. L'exercice peut s'avérer périlleux au sujet d'une période qui fut littéralement *extraordinaire*, et dans laquelle les situations politiques ne cessaient de changer d'une semaine à l'autre.

L'« affaire Jean Moulin »

En rédigeant la biographie de Moulin, j'ai rapidement constaté que l'affaire de son arrestation à Caluire occupait une place démesurée dans le récit de sa mission en France. L'intérêt de l'« énigme policière » de cette affaire l'emportait le plus souvent sur l'étude de ses conséquences historiques désastreuses pour le général de Gaulle : la perte de son pouvoir militaire et politique sur la Résistance. En 1947 et 1950, devant les tribunaux, deux fois René Hardy fut déclaré innocent de l'arrestation de Moulin à Caluire, principalement sur la foi des « grands témoins » (Frenay, mais aussi Bourdet et bien sûr Bénouville) qui ont apporté leur garantie en faveur de son innocence, alors qu'aux yeux du plus grand nombre il paraissait coupable.

Au début de mon travail, j'avais décidé de clore mon récit le 20 juin 1943, avant l'arrestation de Moulin, afin de ne pas évoquer les événements de Caluire, que je ne connaissais que superficiellement. Les récits que j'en avais lus étaient au demeurant contradictoires et paraissaient prolonger des règlements de comptes entre résistants. Ces témoignages sclérosaient la vérité et rendaient impossible à mes yeux sa découverte.

Un jour, un de mes camarades, à qui j'avais confié cette décision de ne pas l'évoquer dans mes ouvrages, me répondit : « C'est toujours la même chose. Tu connais la vérité, mais tu es complice d'un secret. » Interloqué par le propos, je décidai finalement de consacrer à l'affaire deux chapitres plus une partie entière de *La République des catacombes*[1]. J'étais cons-

1. Daniel CORDIER, *Jean Moulin. La République des catacombes*, Gallimard, « La Suite des temps », 1999, chapitres XVII, « Prélude à Caluire », p. 430, et XVIII, « Le 21 juin à Caluire... », p. 456, et « Troisième partie. Caluire : fait divers tragique ou incarnation de la Résistance ? », p. 717 (« Folio Histoire », respectivement, t. I, pp. 785 et 830, et t. II, p. 1436).

cient d'aborder un événement non élucidé, encore explosif, et malheureusement enseveli dans des archives inaccessibles. Après avoir mis le nez dans les papiers des procès que je pus consulter, je fus dans un premier temps indécis : le matin, j'étais persuadé que Hardy était innocent, le soir, qu'il était coupable !

Il m'apparut en réalité assez rapidement que seuls des documents pourraient éclairer l'événement. Aussi n'ai-je pas utilisé les témoignages, aussi innombrables que contradictoires, mais deux documents allemands contemporains de cette arrestation : le rapport Kaltenbrunner du 29 juin 1943, qui relate en détail l'opération de la Gestapo, et le rapport Flora, rédigé le 19 juillet 1943, qui confirme quelques-unes de ces informations. Bien qu'incomplets, ces documents sont à l'heure actuelle les seuls à raconter d'une manière cohérente et crédible le déroulement des faits. J'attire l'attention sur un détail décisif : sans ces deux documents, en particulier le rapport Kaltenbrunner, nous ne connaîtrions rien de cette affaire, sauf son dénouement tragique. Depuis soixante ans, personne n'a trouvé un seul document allemand ou français contredisant ces rapports. Jusqu'à nouvel ordre, je considère que le plus probable, à leur lumière, est la culpabilité de Hardy. C'est une opinion personnelle et non celle de l'historien. Si je la donne, c'est hélas parce que j'ai compris que les documents ne seront consultables qu'après la mort du dernier survivant de cette période !

L'autorité du témoin sous le masque de l'historien ?

Mon refus des témoignages pourrait à première vue sembler paradoxal. À ma modeste place, je fus un acteur des relations entre la Résistance intérieure et la France Libre, et ce passé m'a facilité la tâche pour reconstituer la mission de Moulin. Mes contacts presque quotidiens avec lui pendant les onze derniers mois de sa mission m'avaient permis de connaître l'homme et ses convictions, ainsi que — ce qui est plus important encore pour l'historien — ses initiatives politiques. Cette connaissance était complétée par celle des documents qui étaient passés entre mes mains au cours de sa mission, qu'ils concernent ses relations avec la France Libre ou les mouvements de la Résistance. En effectuant mes recherches pour constituer le corpus des pièces de sa mission, j'ai réalisé à quel point ma tâche d'historien en était facilitée. Mon travail sur les archives du BCRA en 1944-1945 s'était révélé très utile.

Mon statut d'ancien acteur m'a permis de m'affranchir du discours des grands témoins bien plus aisément que ne l'auraient fait les historiens de la Résistance, trop souvent intimidés par la stature morale d'un Frenay ou d'un Bourdet. Bien que n'ayant été qu'un simple exécutant, je me sens familier de ces grandes figures.

Je persiste à penser que ce n'est pas l'« autorité », que l'on me prête parfois abusivement, qui a opéré un « renversement » de la compréhension de la Résistance, mais la publication, depuis mes premiers travaux, d'une masse de documents inédits. Grâce à l'ensemble de ces pièces que j'ai rendues publiques, tous les historiens peuvent désormais refaire — selon leurs interrogations et leurs interprétations personnelles — le parcours de mon travail et vérifier l'exactitude des résultats. Les documents sont toujours les mêmes, tandis que les témoignages évolueront jusqu'à la mort du dernier résistant !

Le rôle de la chronologie

Le défaut de la plupart des travaux sur la Résistance était jusqu'alors l'absence d'une chronologie indiscutable sur des événements clés : formation de l'Armée secrète, genèse du Conseil de la Résistance, « affaire suisse », etc. Ces événements essentiels sont placés à des dates souvent différentes d'un auteur à l'autre. Ce flottement que j'observais dans l'enchaînement des événements causait un préjudice à leur explication. La plupart du temps, les historiens de la mission de Moulin se contentaient de commentaires ou d'interprétations accrochés à quelques faits dont la datation douteuse pouvait conduire à de véritables contresens. Au risque d'offrir de longs développements à des points qui pourraient sembler anecdotiques, j'ai consacré une grande partie de mon travail à fixer une chronologie qui soit indiscutable.

Le rôle crucial de la chronologie constitue à mon sens une spécificité de l'histoire de la Résistance — je doute qu'on la retrouve à l'identique pour l'étude d'autres périodes. Même si elle ne couvre que les quatre années de l'occupation allemande (1940-1944), les événements, tant internationaux que nationaux, s'y bousculèrent à un rythme si accéléré que, par un effet d'illusion rétrospective, on a parfois l'impression, en les retraçant, qu'ils couvrent une période beaucoup plus longue. Or, du fait de sa nature clandestine et des nombreuses arrestations qu'elle subissait, la Résistance, plus que toute autre activité humaine, subissait une transformation précipitée. Les structures se modifiaient et les hommes se succédaient si rapidement que ce qui était vrai pendant un mois, ou parfois une semaine, devenait inexact quelques jours plus tard…

Cette fluidité des événements, ce chevauchement des faits — dans le temps ou dans l'espace — soulèvent une grande difficulté lorsqu'on essaie de marquer une unité et de donner un sens à ce qui était émiettement et improvisation dans le cadre d'actions ponctuelles, si souvent abrégées par des arrestations.

Aussi ai-je voulu fournir aux historiens un invariant, la grille de la chronologie et du déroulement des faits de ce que j'ai appelé la « Résistance des chefs ». Je ne doute pas qu'à l'avenir, les « interprétations » évoluent. Les transformations du savoir sont une exigence naturelle, chaque génération posant au passé de nouvelles questions, en fonction d'une nouvelle culture et de nouvelles représentations de ce passé. Je ne doute pas que les rôles de Brossolette, Frenay, de Gaulle, Moulin, ou Passy* continueront d'être discutés et que la portée de leur action fera encore l'objet d'interprétations contradictoires. Mais les « défilés » obligatoires demeureront : Moulin a rencontré à Londres le général de Gaulle le samedi 25 octobre 1941 ; il fut parachuté en France le 2 janvier 1942 vers 3 heures du matin ; le Conseil de la Résistance s'est réuni à Paris, 48, rue du Four, le 27 mai 1943 vers 14 heures ; etc. Voilà ce que j'appelle des invariants. Peut-être suis-je trop confiant dans mon travail, mais je ne crois pas qu'il puisse y avoir, dans le futur, de « coup de théâtre » ruinant la connaissance de la mission de Moulin telle que je l'ai établie. L'apport de documents inédits précisera certains détails, mais je reste persuadé qu'aucun d'eux ne remettra en cause cette « grille » de lecture.

J'ai consacré trente ans de ma vie à un travail auquel rien ne m'avait préparé. Je ne le regrette pas. Le résultat est là : les historiens sont aujourd'hui quasi unanimement d'accord avec l'ensemble de mes explications, même si subsiste un « jeu », évidemment souhaitable, entre les interprétations personnelles. Les révélations burlesques sur Moulin (crypto-communiste, agent soviétique, agent des Américains, etc.) sont des opérations commerciales et n'ont été reprises par aucun historien universitaire. On peut certes faire crédit à l'imagination des « publicistes » pour inventer, périodiquement, des révélations délirantes ou calomnieuses, mais je fais confiance aux historiens de métier pour y répondre.

Concernant la mission de Moulin en elle-même, il reste aux historiens du futur plusieurs points documentaires à éclaircir. Deux d'entre eux m'ont particulièrement préoccupé. En novembre 1941, Moulin a rédigé une longue lettre à Cot, l'ancien ministre de l'Air, dont il avait été le chef de cabinet sous le Front populaire. Celle-ci présente un intérêt considérable puisque Moulin devait y évoquer sa rencontre avec de Gaulle. Cot, lui, avait été mal reçu par le Général lors de son passage à Londres en 1940, et il avait rejoint les États-Unis. Je présume que, dans cette lettre, Moulin justifiait aux yeux de son ancien ami — dont il partageait les convictions politiques — son ralliement au chef de la France Libre.

Je n'ai malheureusement pas réussi à retrouver cette lettre[1]...

L'ordre de mission politique de Moulin, rédigé par le général de Gaulle le 24 décembre 1941 — soit près de trois mois après son arrivée à Londres —, est pour moi un autre sujet d'interrogation. Tous les historiens se réfèrent à ce document à partir de la citation qu'en a faite de Gaulle en 1954 : « Je désigne M. Jean Moulin, préfet, comme mon représentant et comme délégué du Comité national, pour la zone non directement occupée de la métropole. M. Moulin a pour mission de réaliser dans cette zone l'unité d'action de tous les éléments qui résistent à l'ennemi et à ses collaborateurs. M. Moulin me rendra compte directement de l'exécution de sa mission. » Comme tout le monde, j'ai lu cet ordre de mission dans les *Mémoires de guerre* du Général qui le

1. Les archives de Cot contenaient les lettres de Jean Moulin, son ami et chef de cabinet quand il fut, en 1936, ministre de l'Air, mais j'ignore ce qu'elles sont devenues après sa mort, en 1977.

reproduisent en annexe[1]. L'original ne se trouvait pourtant pas dans les archives du BCRA, où je l'ai longtemps recherché. Finalement, je réussis à consulter ce document au sein du fonds — alors non consultable — des papiers du général de Gaulle. Ma connaissance des documents rédigés de la main de De Gaulle me conduisit à conclure qu'il ne s'agissait pas de l'original : le papier était neuf et beau, à la différence de celui fourni par les Anglais ; l'écriture était bleu clair, alors que celle du Général durant la guerre était plutôt bleu foncé tirant sur le noir, et surtout ce n'était pas celle de 1941 ! En outre, un détail me paraissait surprenant : l'expression « Jean Moulin, préfet ». Toutes les archives de Londres emploient le seul nom sous lequel il était désigné là-bas : Joseph Mercier*.

Il m'était impossible à l'époque de dire que j'avais consulté les archives du général de Gaulle, qui étaient « fermées ». Aussi ai-je seulement mentionné dans mon livre toutes les réserves que devait susciter l'expression « Jean Moulin, préfet », en ajoutant : « La réponse appartient aux historiens qui auront la chance d'assister à l'ouverture de ces archives[2]. »

Une approche néopositiviste ?

Plusieurs jeunes historiens ont salué mon travail en affirmant qu'il avait engagé un véritable tournant dans l'écriture de l'histoire de la Résistance. Depuis la conférence de la Sorbonne en 1983, mes recherches auraient permis de sortir

1. Charles DE GAULLE, *Mémoires de guerre*, t. I : *L'Appel, 1940-1942*, Plon, 1954, pp. 647-648.
2. Ces archives du général de Gaulle sont ouvertes aujourd'hui, mais j'ai appris que ce document, obtenu par Mme Bonazzi et consulté par moi dans son bureau, n'y avait pas été reversé.

l'histoire de la Résistance des impasses dans lesquelles l'avait conduite l'usage déraisonné des récits des grands témoins. En raison du primat que j'accorde à la chronologie et à la citation de documents, parfois très longue, certains ont parlé à mon propos d'un tournant « néopositiviste » dans l'historiographie de la Résistance[1].

Je suis trop ignorant pour saisir tout l'enjeu des polémiques qui se cachent derrière cette étiquette « néopositiviste », et les règlements de comptes byzantins entre les historiens qu'elle recèle me sont totalement étrangers. Je préfère l'accepter comme un compliment, sans tout à fait comprendre tout ce qu'elle recouvre : il me semble que j'appartiens à ce « camp-là » puisque d'autres, avant moi, ont semble-t-il partagé la même opinion sur le statut du document et l'importance de la chronologie.

Je l'avoue, ma connaissance théorique de l'histoire est nulle. En me lançant dans mon travail, j'ai cherché un ouvrage qui m'apprendrait comment devenir historien. J'ai lu *L'Apologie pour l'histoire* de Marc Bloch, mais sans y comprendre grand-chose. Le livre d'Antoine Prost *Douze leçons sur l'histoire* est remarquable, mais il n'existait pas encore[2]. Si cela avait été le cas, je l'aurais appris par cœur et peut-être serais-je allé voir son auteur pour lui demander conseil.

Heureusement, j'ai pu bénéficier de la bienveillance d'historiens, au premier rang desquels se trouve Jean-Pierre Azéma. Mais j'ai dû inventer seul mes outils pour traiter mon sujet, qui est très étroit. Au début de *L'Inconnu du Panthéon*, quelques lignes précisent d'ailleurs : « Ceci n'est pas

1. Voir notamment Henry ROUSSO, « La mémoire d'un héros emblématique », et Bénédicte VERGEZ-CHAIGNON, « La révolution Cordier », *in* Jean-Pierre AZÉMA, *Jean Moulin face à l'histoire*, Flammarion, 2000, et Laurent DOUZOU, *La Résistance française : une histoire périlleuse*, Éd. du Seuil, 2005.

2. Marc BLOCH, *Apologie pour l'histoire ou Métier d'historien*, A. Colin, 1949 ; Antoine PROST, *Douze leçons sur l'histoire*, Éd. du Seuil, 1996.

une histoire de la Résistance, ni des maquis, ni des FFI, ni des journaux de la Résistance, ni des mouvements de la Résistance, c'est seulement l'histoire des relations entre le général de Gaulle, Jean Moulin, et les chefs des mouvements. » En 1989, certains m'ont reproché de ne pas avoir écrit l'histoire de la Résistance en général : cela n'a jamais été mon objectif, car je ne l'ai pas vécue !

Je n'appartiens pas à la communauté des historiens. Après ma première conférence à la Sorbonne, en 1983, Bédarida et Azéma m'ont fait entrer parmi les historiens et m'ont entraîné dans leurs colloques. Désormais, je faisais partie de la « troupe ». Au bout de huit mois, je n'en pouvais plus... Pourquoi ? Parce que mon sujet est étroit et que je ne peux dialoguer avec les historiens que sur lui, ce qui est peu de chose. Dépourvu de ce qui fait une véritable culture universitaire, je suis incapable de généraliser et de synthétiser comme le font les historiens professionnels. Je fus très frappé à cet égard en lisant le livre d'Azéma, *De Munich à la Libération*, par sa capacité de mise en perspective de l'histoire de la Résistance à l'intérieur de l'histoire de la guerre[1]. Heureusement, je compris que j'étais incapable d'un tel travail.

En dépit de tous ces handicaps, j'espère avoir atteint la vérité historique. Si je devais d'ailleurs me présenter en quelques lignes dans un dictionnaire, j'écrirais que j'ai tenté de défendre la mémoire de Jean Moulin « avec les moyens du bord ». Car j'ai envisagé mon travail d'historien accidentel comme l'accomplissement d'une « mission » : si je n'avais pas défendu la mémoire de Moulin, j'aurais trahi la confiance d'un homme qui m'avait accordé la sienne alors que je n'étais rien. Mais s'il fallait me présenter plus longue-

1. Jean-Pierre AZÉMA, *De Munich à la Libération, 1938-1944*, in *Nouvelle histoire de la France contemporaine*, t. XIV, Éd. du Seuil, 1979.

ment, j'expliquerais surtout mon amour de l'art contemporain, que je dois à Moulin et qui fut au centre de ma vie. Les expositions, la découverte de jeunes artistes, la constitution de collections d'œuvres : voilà le cœur de mon existence.

L'écriture de l'histoire

De nombreux lecteurs l'ont constaté, et certains me l'ont parfois reproché : je n'hésite pas à citer très longuement les documents. Ce choix s'est naturellement imposé. Il procède d'un double objectif. Il s'agit en premier lieu d'exposer par une référence précise aux documents d'archives ce qui fonde ma démonstration. Si l'on colle bout à bout une dizaine de rapports de Moulin, la vérité apparaîtra : telle fut l'idée que je me faisais d'un bon livre d'histoire. Mais j'ai aussi voulu « sonoriser » ce passé. Il fallait faire revivre l'expérience de la Résistance en faisant assister le lecteur aux difficultés de la vie quotidienne et aux affrontements entre ses principaux dirigeants. J'estime que les nouvelles générations doivent revivre l'épopée tragique de cette minorité de patriotes, dont les martyrs ont restitué à la France son honneur perdu. Les histoires de la Grande Guerre dans lesquelles on ne patauge pas dans la boue des tranchées et où l'on n'entend pas les obus éclater, ce n'est rien… La Résistance est une passion vécue par quelques « vieux messieurs » de quarante ans entourés de filles et de garçons jeunes et traqués : le lecteur doit pouvoir entendre leurs voix.

Les documents ne permettent pas toujours de raconter dans son intégralité l'histoire de la Résistance des chefs. Pour faire revivre cette histoire, j'ai donc dû parfois être infidèle au « tout-document » et compléter les lacunes des archives par des témoignages qui me paraissaient crédibles. J'insiste sur un fait capital : les témoignages que j'ai sélectionnés ne modifient en rien le sens des documents publiés. Si chacun d'entre eux se révélait faux (y compris celui de mes Mémoires), cela ne changerait rien à la vérité de la mission de Moulin telle que les documents l'ont inscrite dans l'Histoire. Il manquerait seulement « d'entendre très fort la musique de l'époque ».

Les témoignages jouent le rôle modeste d'« ornements » dans une architecture : si, dans une cathédrale, on enlève les vitraux, efface les sculptures ou supprime les fresques, la structure du bâtiment demeure intacte ! Mais on aurait tort de se priver des vitraux, car ce sont eux qui racontent le passé et établissent tout d'un coup un rêve, celui de la Bible. La cathédrale de Chartres est la plus vivante de toutes parce qu'elle possède encore ses magnifiques vitraux. Certaines cathédrales ont beau être tout autant admirables, à Chartres, croyant ou pas, on participe à des événements stupéfiants.

Une histoire de la Résistance écrite du point de vue de la France Libre ?

Certains m'ont reproché d'avoir écrit une histoire partisane, qui donnerait la part belle à la France Libre et à ses représentants pour mieux critiquer la Résistance intérieure et ses chefs. Je l'assume : vivant dans la logique de la France Libre, je suis d'une certaine manière injuste à l'égard des résistants. Considérons par exemple l'aspect technique. J'ai toujours entendu mes camarades officiers de liaison, qui s'occupaient des parachutages, du stockage des armes et de leur répartition au sein des mouvements, se plaindre de la Résistance intérieure. On peut observer dans leurs rapports mensuels la façon dont ils jugeaient la conduite des résistants.

Pour nous les Français Libres, la Résistance, ce fut bien souvent des garçons et des filles à qui nous donnions rendez-vous pour réceptionner des parachutages. Deux soirs de suite, ces résistants se rendaient sur le lieu de l'opération, mais celle-ci n'avait pas lieu, pour telle ou telle raison ; alors que le troisième soir, où le parachutage était effectué, plus personne n'était là pour le réceptionner ! Les officiers qui avaient monté l'opération écrivaient alors des horreurs au sujet des résistants : « C'est impossible, on ne peut pas leur faire confiance, etc. » C'est ainsi que les événements étaient vécus et tout ce que j'ai écrit est bien en dessous de ce que mes camarades consignaient dans leurs rapports. J'ai pu vivre moi-même cette expérience auprès de Moulin, dans les rapports permanents que j'avais avec les représentants des mouvements : à mes yeux, les résistants étaient des « comiques troupiers ».

Bien sûr, je reconnais une dimension extraordinaire à ces rares figures qui, parties de rien et à leurs risques et périls, ont bâti les premiers mouvements. La douzaine de garçons et filles que j'ai réunis dans le secrétariat de Moulin étaient d'un dévouement exceptionnel. Presque tous furent déportés, plusieurs sont morts. Je les aime, je les admire, c'est indéniable ! Mais, en même temps — c'est affreux de l'écrire, mais pourquoi le cacherais-je ? —, ils n'étaient pas des Français Libres, c'est-à-dire des volontaires de juin 1940…

En ce sens, je reconnais avoir écrit contre la littérature résistante, qui ne connaissait pas la France Libre et monopolisait le discours sur la Résistance depuis plus de trente ans. Le recours à l'histoire constitua pour moi l'arme d'un minoritaire. C'est l'orgueil de la solitude qui parle ici, celle de ces rares garçons, collégiens partis à Londres à l'été de 1940 et qui, grâce à la présence du général de Gaulle, ont fondé avec lui la minuscule armée qui fut l'honneur de la France vaincue.

Plus généralement, une histoire consensuelle de la Résistance m'apparaît impossible à écrire. Sous la plume de certains historiens universitaires, je retrouve parfois un style qui me gêne, celui des nuances infinies et en définitive inexactes : « Ils n'ont pas tout à fait tort... Ils ont probablement raison... » Ce n'est pas de cette manière que j'ai fait la guerre, et ce n'est pas ainsi que je conçois l'histoire. L'histoire de la France Libre ou de la Résistance est celle de la passion de la liberté. Dans celle-ci, des jeunes gens se sont engagés, ont été arrêtés, souvent torturés, et des milliers d'entre eux sont morts. Je ne peux l'oublier au moment où je tente de la raconter. Bien sûr, un historien universitaire ne s'exprimerait pas de la sorte, mais je n'en suis pas un. Soixante-dix ans après la guerre, je partage encore avec mon patron tout ce qui l'a blessé. Je tiens seulement à ce que l'on reconnaisse la chose suivante : si j'ai défendu Jean Moulin, je ne l'ai pas vengé, et, surtout, je n'ai calomnié personne. J'estime que sa mission politique, à l'aune des difficultés qu'il a affrontées et de la lutte avec les chefs qu'il a dû livrer, est exceptionnelle. En un mot, je préfère mon chef à ceux de la Résistance. Peut-on me le reprocher ?

Le cas Brossolette

Mon traitement de la figure de Pierre Brossolette a cristallisé de nombreuses discussions. Je ne peux évoquer ce sujet « sensible » sans préciser quelques détails. Les relations entre Brossolette et Moulin sont un des problèmes délicats de l'historiographie de la Résistance. Le colonel Passy*, qui vouait à Brossolette une admiration aveugle et indéfectible, en est à l'origine. Dès son arrivée à Londres, en avril 1942, Brossolette acquit en effet une influence déterminante sur le colonel dont il devint l'ami et politiquement le mentor. Exécutant lui-même une mission en France, Passy* fut entraîné à soutenir de plus en plus les projets de Brossolette et finalement, au cours d'une mission exécutée avec ce dernier (la mission Arquebuse*-Brumaire*, 27 février-15 avril 1943), en vint à s'opposer aux projets de Moulin, en couvrant les initiatives de Brossolette, son subordonné. Pour masquer et excuser l'insubordination de Brossolette à l'égard de Moulin, Passy* voulut faire croire dans ses Mémoires que, grâce à cette mission de deux mois en France, Brossolette fut le fédérateur de toutes les Résistances. Il est regrettable que certains historiens aient tenté d'accréditer cette version passionnelle en la travestissant d'oripeaux historiques : vouloir à tout prix faire de Brossolette l'« égal » de Moulin est absurde. Si les deux hommes avaient en commun d'être du même âge, d'avoir été Front populaire et antimunichois, de reconnaître la légitimité de De Gaulle et d'être morts en martyrs, leur place dans la hiérarchie de la France Libre n'est pas comparable.

Que révèlent les documents sur le rôle respectif de Brossolette et Moulin dans la Résistance ?

Moulin fut, dès octobre 1941, le représentant personnel du Général et le délégué du Comité national français en zone libre. En octobre 1942, il devint président du Comité de coordination (zone sud) ; en février 1943, il fut désigné comme le représentant personnel de De Gaulle pour la France entière, président du Comité de coordination (zones sud et nord), du Conseil de la Résistance et ministre du Comité national français de Londres. En dix-huit mois de présence permanente en France, il parvint à soumettre « les Résistances » à l'autorité administrative, politique et militaire du général de Gaulle. Pour finir, il obtint le 27 mai 1943 du Conseil de la Résistance la reconnaissance de l'autorité du Général comme seul chef de la France résistante, donnant à celui qui tentait de représenter la France face à nos alliés une indispensable légitimité démocratique.

Brossolette n'a jamais occupé aucune des fonctions de Moulin, qui, après l'arrestation de celui-ci, furent réparties entre plusieurs personnes. C'est rabaisser un homme que de vouloir l'introniser dans un rôle qui ne fut pas le sien. Contrairement à ce que pensaient Passy* et ses épigones, Brossolette valait mieux que cela. C'est d'autant plus désobligeant pour sa mémoire que de Gaulle ne lui a jamais offert, dans la France Libre, la fonction d'autorité que son talent et son intelligence méritaient. Pis : lorsque Jean Moulin fut arrêté et que Passy*, quelques jours plus tard, proposa au Général que Brossolette lui succède, il refusa. Après deux mois de réflexion, il désigna, sur proposition d'André Philip, Émile Bollaert, lequel n'avait jamais appartenu à la Résistance et en ignorait tout ! Guillaume Piketty, le principal biographe de Brossolette, a compris cette ambiguïté. Il souligne que c'est grâce à son martyre, et non à son action, que Brossolette occupe une place exceptionnelle et méritée dans l'épopée de la Résistance : « La mort en martyr supplicié de Pierre Brossolette a longtemps éclipsé le fait qu'il avait été graduellement marginalisé et critiqué[1]. » Ce n'est pas porter atteinte à la mémoire de ce héros que d'affirmer que Moulin occupe dans l'histoire une place unique : celle de fédérateur en chef de la Résistance métropolitaine, fonction qui ne doit rien à son martyre. Ai-je fait injure à la mémoire de Brossolette en écrivant dans son oraison funèbre : « À cause de sa mort sacrificielle, tous honorent le héros. Ce titre de gloire qui donna un sens à la vie de beaucoup de résistants n'est rien d'autre pour Brossolette qu'un achèvement légendaire, car, dans sa jeunesse, il était déjà un soldat des droits de

1. Guillaume PIKETTY, *Pierre Brossolette. Un héros de la Résistance*, Odile Jacob, 1998, p. 346.

l'homme. C'est donc naturellement qu'en 1942 il s'engagea parmi les "missionnaires politiques" de la France Libre : Bingen, Laffon, Morandat, Maillet, Pineau, Roques, Serreulles, qui, tous, apportèrent des éléments décisifs à cette fédération de la Résistance dont Jean Moulin fut le maître d'œuvre, qu'il dirigea et dont il incarne, au Panthéon, la victoire et le sacrifice » ?

Je conclus : « [Brossolette] demeure à jamais présent parmi nous, où son exemple nous contraint à nous engager, à vivre debout et, au besoin, à tout sacrifier, comme lui, dans ce combat de chaque instant pour la vérité et pour la liberté. »

J'admire Brossolette, je l'ai écrit. Suis-je coupable d'admirer Moulin et de le dire ?

*L'« imprimatur » de Passy**

De 1986 à 1998, je revis souvent Passy* pour le questionner sur la guerre et lui soumettre mes hypothèses. L'exercice était périlleux : je publiais en effet des documents inédits prouvant que, sur de nombreux points, ses souvenirs n'étaient pas conformes à la vérité. Sa réaction et ses notations critiques à mon égard furent parfois rudes. Au début de mon travail, ses remarques furent souvent outrées : « Les attaques injustes de Frenay ne doivent pas vous faire tomber dans l'excès inverse, me confia-t-il un jour : Jean Moulin n'est pas le seul héros de la Résistance. Brossolette est aussi important que lui. Je dirais même que Moulin a pris sa place au Panthéon ! De Gaulle aimait les hommes courbés, il détestait les nuques raides ! Quant aux communistes, soyez tout de même prudent. N'oubliez pas Cot, Meunier et Chambeiron, qui furent les amis de Moulin, n'oubliez pas non plus le Front populaire, la guerre d'Espagne ! »

Au fil des années, nous eûmes de longues discussions. Rituellement, il revenait sur le récit de l'« affaire » qui avait provoqué sa chute. Il essayait de me convaincre qu'elle n'avait été qu'un règlement de comptes politique monté par les socialistes. Il ne manquait jamais une occasion de glisser une allusion sur la conduite de tel ou tel, selon qu'il lui avait été fidèle ou non. Il me dit un jour : « Mais pourquoi tout le monde m'a abandonné ? » Je ne sus que répondre, essayant de ne pas rouvrir une plaie qui, chez lui, était toujours béante. Sans attendre ma réponse qui tardait, il ajouta : « La vérité c'est que j'ai été incapable de former une équipe ! » Je fus étonné de cette réflexion qui dévoilait la souffrance qu'il avait endurée à la suite de cette affaire. Cette attitude confirmait ce que j'avais pensé de lui en l'approchant : c'était un homme introverti, timide et sensible. Sa légende noire, comme toujours, s'était créée au hasard des calomnies et des rancœurs : elle ne lui ressemblait pas.

Après chacune de nos rencontres, j'acceptais certaines de ses observations, car je ne voulais pas publier un texte qu'il condamnerait. Je corrigeais donc certaines expressions, modifiais des formulations trop rapides, tout en ajoutant chaque fois de nouveaux documents précisant tel ou tel point litigieux. À la fin de nos entretiens, il me donna son « *imprimatur* » pour la parution de *L'Inconnu du Panthéon*. Il la confirma dans une interview à Éric Roussel, en 1989 : « Je connais en effet très bien Daniel Cordier, puisqu'il a été mon collaborateur à la DGER. Il a accompli, je crois, avec ce livre sur Jean Moulin, un travail inouï, que personne n'a effectué avant lui. Il a eu accès à des archives totalement inexploitées et je suis convaincu que, lorsque son entreprise sera terminée, il pourra prouver tout ce qu'il avance. On verra alors combien sont légers d'autres ouvrages relatifs à cette époque. Il est bon, à mon sens, que les historiens de l'avenir puissent disposer, grâce à lui, d'un monceau de documents qui leur permettront de dégager la vérité lorsque toutes les passions seront éteintes[1]. »

Quelque temps plus tard, après avoir relu ma Préface, il ajouta : « Lorsque vous réimprimerez ce texte, ne changez rien, c'est parfait. » Quant à l'« oraison funèbre » de Pierre Brossolette parue dans *La République des catacombes* que je lui soumis en 1997, voici son jugement au cours d'une de nos dernières conversations : « Je vous félicite. C'est le texte le plus émouvant qu'on ait écrit sur Brossolette. »

On comprendra que je ne réponde pas à certains publicistes, qui ne tiennent pas compte de ce que j'ai réellement écrit : je suis en règle avec ma conscience et avec l'histoire.

Nouvelles polémiques : Moulin et les Soviets

Dans les années 1990, de nouvelles controverses ont éclaté au sujet de Moulin, à l'occasion de la parution des livres de Thierry Wolton, qui laissait entendre qu'il avait été en contact étroit avec les services soviétiques, et de Jacques Baynac, qui en faisait un antigaulliste acharné[2]. Je me suis alors demandé si ce n'étaient pas les épigones de la collaboration et de Vichy qui, sous une forme ou sous une autre, réglaient leurs comptes avec la Résistance, de la même façon que les petits-enfants et arrière-petits-enfants des émigrés l'avaient fait avec la Révolution au début du XIXe siècle. En affirmant que Moulin avait été à la solde des Soviétiques ou des services américains, ces différents auteurs défendaient tous une conception conspirationniste de l'histoire qui m'a toujours

1. « Le colonel Passy : "Jean Moulin n'était pas attiré par le communisme" », *Le Figaro*, 30 octobre 1989.

2. Thierry WOLTON, *Le Grand Recrutement*, Grasset, 1993 ; Jacques BAYNAC, *Les Secrets de l'affaire Jean Moulin. Contexte, causes et circonstances*, Éd. du Seuil, 1998.

semblé absurde. Moi qui ai passé cinq ans de ma vie dans les services secrets, BCRA puis DGER, je peux assurer que cela n'a aucun sens !

En prétendant que Moulin était indirectement lié aux Soviétiques, Wolton reprenait en grande partie les arguments de Frenay. C'est d'ailleurs sans doute sur ce point que j'en veux le plus au fondateur de Combat : il fut un des premiers combattants de la Liberté ; hélas, après la guerre, il poursuivit Moulin d'une haine inexpiable, jusqu'à le transformer en agent soviétique. Il s'est déshonoré. Je fus peiné en tout cas de constater l'accueil médiatique qui fut réservé au livre de Wolton et le soutien que lui apportèrent plusieurs historiens. Je ne comprends toujours pas comment François Furet a pu rédiger dans *Le Nouvel Observateur* une critique élogieuse de l'ouvrage ! L'anticommunisme de l'époque est sans doute à l'origine de cet éphémère engouement. Car Wolton ouvrait son ouvrage en affirmant : « Avec le recul, on mesure mieux à quel point les Français qui ont choisi Moscou pour combattre Berlin ont commis au mieux une tragique erreur politique, au pis une trahison. » Cela signifiait que toute la stratégie de De Gaulle et des Alliés avait été une faute...

La controverse se dénoua devant les tribunaux. Dans une interview à *L'Express*, j'avais affirmé que le travail de Wolton sur Moulin s'apparentait à celui des « négationnistes ». Partant pour le Japon le lendemain de l'entretien, je n'avais pu relire mes propos. Lors de mon retour deux mois plus tard, je reçus une citation à comparaître : Wolton m'attaquait en diffamation. Il passa ensuite une année entière à demander le report de l'audience, tout en ajoutant des témoignages contre moi. Wolton tenta en particulier de rallier à sa cause plusieurs historiens de renom, non sans succès puisque Emmanuel Leroy-Ladurie lui apporta son appui. De mon côté, je pus compter sur le soutien non seulement de la grande figure de Pierre Vidal-Naquet, qui consacra un livre à l'affaire[1], et de plusieurs historiens spécialistes de la Résistance, mais aussi et surtout des camarades de la France Libre, qui firent bloc à mes côtés. Parmi eux, celui de Passy* fut particulièrement précieux. Pour l'inciter à témoigner en sa faveur, Wolton lui avait envoyé la déposition que j'avais faite à la DGER contre lui en 1946... Outré par cette pratique, Passy* m'avait fait parvenir le dossier en me garantissant de son amitié et de tout son soutien ! Finalement, au bout d'un an, le tribunal, tout en reconnaissant que j'avais eu tort de traiter Wolton de « négationniste », prononça un jugement en ma faveur. Wolton fut obligé de régler l'ensemble des frais de procédure, et il arrêta ses poursuites...

Face à cet assaut d'ouvrages polémiques, que les historiens ont oubliés, je fus conduit à renverser ma position : après avoir croisé le fer, durant les années 1980, avec les anciens résistants, je rappelais désormais la grandeur de la Résistance face à ceux qui voulaient la détruire.

Les calomnies contre Moulin n'ont pas terni son image. Elles ont eu pour effet de confirmer et renforcer les conclusions des historiens. Les calomniateurs qui ont fait de Moulin un agent soviétique ou américain, ou encore un cryptocommuniste, confirment indirectement qu'il fut bien le chef et le fédérateur de la Résistance puisque, de leur avis à tous, les Soviétiques, les Américains ou le parti communiste l'auraient choisi pour soumettre la Résistance à leur politique ! Il en va de même — la calomnie en moins — pour les critiques des chefs de la Résistance à l'égard de celui qui leur a imposé le Conseil de la Résistance, première institution représentative nationale depuis le hara-kiri du Parlement, le 11 juillet 1940, à Vichy. Ces critiques prouvent que Moulin fut le véritable restaurateur de la République.

1. Pierre VIDAL-NAQUET, *Le Trait empoisonné. Réflexions sur l'affaire Jean Moulin*, La Découverte, 1993.

J'ajoute que ces calomniateurs n'ont jamais nié que, bien que Moulin ait été torturé par la Gestapo, aucun résistant n'a subi la moindre arrestation par sa faute.

L'affaire Aubrac

L'affaire Aubrac a constitué un autre moment, particulièrement cruel, de confrontation entre historiens et témoins. Elle a donné lieu à un gigantesque malentendu, et je le regrette. En 1997, une véritable cabale contre les Aubrac fut lancée par un journaliste, Gérard Chauvy, et relayée par l'avocat Jacques Vergès, qui allait jusqu'à dire que Raymond Aubrac pouvait être à l'origine de l'arrestation de Caluire… Interviewé par *Libération*, j'ai exprimé mon souhait qu'Aubrac puisse s'expliquer sur tous ces éléments afin que son honneur soit lavé. Le lendemain matin, celui-ci me téléphonait pour soutenir mon idée et m'inviter à contacter le directeur de l'IHTP, Henry Rousso, pour convoquer une table ronde, au cours de laquelle un comité d'honneur d'historiens pourrait l'écouter.

On venait de retrouver en Tchécoslovaquie des archives attestant l'activité d'Aubrac auprès des partis communistes européens de l'après-guerre. Cette découverte avait troublé certains historiens, qui, ignorant jusque-là cet aspect de l'histoire des Aubrac durant l'après-guerre, prirent leurs distances à l'égard de Raymond — c'est du moins ce que lui-même me confia. La réunion se tint finalement à Paris le 17 mai 1997 dans les bureaux de *Libération*. Ne devant pas faire partie du comité des historiens, je n'y fus convié qu'à la demande d'Aubrac. Ma position était évidemment singulière : j'étais à la fois un acteur, un témoin et un historien…

Les Aubrac étaient assis en bout de table : en face d'eux se trouvaient Azéma, Bédarida, moi-même, Douzou, Rousso et Veillon, et, sur le côté gauche, Vernant et Agulhon. Les historiens prirent la parole les uns à la suite des autres, en commençant par Bédarida. Quand vint mon tour, je répétai ce que tous les historiens présents avaient affirmé — et qui résumait ma conviction profonde : « Aubrac est innocent des calomnies que l'on porte contre lui. » Ce qu'Aubrac réclamait depuis longtemps venait de se produire : il obtenait la caution des meilleurs spécialistes de la Résistance de l'époque, ce à quoi je m'étais personnellement engagé.

Durant le reste de la journée, nous sommes entrés dans des détails liés aux variations, inévitables, des témoignages successifs de Lucie et Raymond Aubrac. Les historiens essayaient de pousser Raymond dans ses retranchements au sujet des dates de sa première arrestation, les conditions de son évasion, etc. La journée se termina par le récit d'un événement que j'ignorais : la venue de la Gestapo au domicile de Raymond, et son arrestation sous son vrai nom de Samuel. Il me semble que c'est alors que je suis intervenu en demandant en substance à Aubrac, sans doute trop âprement : « Si la Gestapo n'a jamais connu ta véritable identité, comment se fait-il qu'elle soit venue le lendemain même à ton domicile ? » Aubrac m'a répondu : « Qu'est-ce que tu veux que je te dise ? » Quelques jours plus tard, sous le titre « Déplorable leçon d'histoire », un certain nombre d'universitaires signaient une pétition contre le principe même de cette réunion[1].

Dans son dernier livre, Jean-Pierre Vernant revint sur cet événement en réfléchissant sur les rapports complexes entre témoins et historiens. Vernant est un immense intellectuel et

1. *Libération*, 25 juillet 1997 : Claire Andrieu, Christian Bougeard, Laurent Douzou, Robert Frank, Jean-Marie Guillon, Pierre Laborie, François Marcot, Robert Mencherini, Denis Peschanski, Jacqueline Sainclivier et Serge Wolikow.

un grand résistant, mais du jour où cet homme exceptionnel devint un témoin, il se conduisit comme le pire des témoins. Vernant évoque « la violente agressivité » à l'égard des Aubrac, dont Bédarida et moi-même aurions fait preuve, et en vient à l'expliquer par nos positions respectives au sein de la Résistance[1]. Mais la façon dont il relate cette réunion n'est pas exacte. Comme je l'ai dit, Aubrac avait obtenu ce jour-là ce qu'il cherchait : la garantie de son intégrité morale par les meilleurs historiens. Tous affirmèrent qu'il était innocent et insoupçonnable de tout ce dont on l'accusait !

Comme la conférence de la Sorbonne en 1983, la table ronde de *Libération* montrait à quel point la relation entre témoins et historiens pouvait être conflictuelle. En moins de vingt ans, le rapport entre historiens et témoins s'était toutefois inversé : alors qu'en 1983 la stature morale des grands témoins dominait un discours historien qui tentait de trouver sa place en s'appuyant — enfin ! — sur les archives, en 1997, les historiens demandaient — parfois abruptement — aux témoins de répondre à leurs questions.

J'ai vécu dans ma chair le tiraillement entre le témoin que je fus et l'historien que je tentais d'être. Comme historien, j'ai veillé à ce que mon statut d'ancien acteur ne vienne pas travestir, à quarante ans de distance et sur la foi de souvenirs erronés, la réalité des faits. En écrivant l'histoire de la mission Moulin, j'ai voulu oublier le témoin que j'avais été et que je redeviendrais dans mes Mémoires, *Alias Caracalla*. Même si je ne peux nier qu'aux origines de ce travail, c'était le jeune homme de la France Libre qui tentait « avec les moyens du bord » de défendre son patron, je persiste à penser que tout historien serait parvenu aux mêmes conclusions que moi.

1. Jean-Pierre VERNANT, *La Traversée des frontières*, Éd. du Seuil, 2004.

Après la publication de *L'Inconnu du Panthéon*, j'ai consacré plus de quinze ans à remonter le fleuve qui conduit traditionnellement de la grande Histoire, celle que l'on vit, à la petite, celle que l'on écrit. Devenant enfin mémorialiste, après avoir été historien, j'ai voulu écrire un livre qui ne ressemblerait pas aux Mémoires habituels des résistants.

CHAPITRE IV

Réinventer le genre des Mémoires

Je n'ai jamais songé à écrire mes Mémoires.

C'est un historien, Jean-Pierre Azéma, qui m'a suggéré cette entreprise. Ayant lui-même constaté qu'Henri Michel n'avait pas intégré mon témoignage au sein des archives du Comité d'histoire de la Seconde Guerre mondiale, il m'expliqua que mon expérience auprès de Jean Moulin apporterait de nombreux éclaircissements sur sa mission.

La suggestion me sembla incongrue : que pouvais-je ajouter aux quatre gros volumes du récit de la mission Moulin et, surtout, aux documents qui prouvaient la véracité des faits évoqués ? Ne m'étant jamais considéré comme un « personnage historique », j'avais seulement le sentiment d'avoir accompli mon devoir — certainement pas d'être un héros dont les faits et gestes mériteraient de passer à la postérité. Je n'éprouvais aucune nostalgie pour ma jeunesse : la vieillesse est la période la plus heureuse de ma vie !

Mon refus était d'autant plus ferme que je n'avais cessé de dénoncer les pièges des souvenirs. En travaillant en historien sur les Mémoires des résistants, j'avais noté maintes fois les confusions inhérentes au genre. Je n'y voyais la plupart du temps aucune malice et me bornais à constater que leurs auteurs étaient victimes d'une mémoire déficiente. Même les meilleurs récits n'échappaient pas à la règle. Les Mémoires de Bourdet[1], par exemple, pourtant exceptionnels par leur intelligence politique, ne sont pas dénués d'erreurs factuelles.

La mise en vedette du rôle de l'auteur, sans doute une fatalité du genre, m'a toujours choqué. Dans l'immédiat après-guerre, le succès considérable du *Sacrifice du matin* de Bénouville[2] constituait un bel exemple de ce que je ne voulais en aucun cas reproduire : plus le rôle qu'on a joué dans la Résistance est modeste, plus on a tendance à l'exagérer ! On commence à ne plus dire la vérité et à se fabriquer un masque. Le récit de notre jeunesse, dans la mesure où il engage le reste de notre vie, devient facilement mensonger.

« *Alias Caracalla* » : *l'histoire à la première personne*

Plusieurs raisons ont fini par me convaincre de rédiger mes Mémoires.

En premier lieu, j'ai voulu éclairer les historiens en répondant à la suggestion qu'ils m'avaient faite. Il s'agissait de compléter en témoin mon travail d'historien en me replongeant dans la « Résistance des chefs », qui n'a concerné qu'une centaine de personnes. *Alias Caracalla* est un livre de Mémoires d'un acteur, mais avec une ambition historique : il n'aurait pas été écrit de la même façon sans cette longue expérience d'« historien accidentel ». Cet historien que je suis devenu malgré moi s'exprime d'ailleurs régulièrement dans le livre par l'intermédiaire des notes de bas de page, qui font entendre, en sourdine, sa voix off.

Sur le plan politique, j'ai assisté (souvent sans en comprendre les enjeux) à l'élaboration de la politique de Jean

1. Claude BOURDET, *L'Aventure incertaine. De la Résistance à la restauration*, Stock, 1975.
2. Pierre DE BÉNOUVILLE, *Le Sacrifice du matin*, Robert Laffont, 1946.

Moulin, dont la mission, comme nous l'avons vu, en recouvrait plusieurs[1] : faire reconnaître par les mouvements la représentation de la France par le seul général de Gaulle ; mettre l'Armée secrète sous ses ordres directs ; unifier les Résistances (mouvements, partis politiques, syndicats) dans le Conseil de la Résistance.

Le 30 juillet 1942, je suis devenu le collaborateur de Jean Moulin, six mois après le début de sa mission en France. C'est ainsi que j'ai pu observer au jour le jour l'extraordinaire bricolage politique et les improvisations constantes auxquels il se livrait pour que les directives de Londres soient appliquées. L'histoire de sa mission fut en effet celle d'une confrontation — souvent périlleuse — entre un idéal politique abstrait et sa réalisation sur un terrain dangereux.

La première réunion du Conseil de la Résistance, le 27 mai 1943, fut la conclusion de toutes les conversations auxquelles j'ai eu le privilège d'assister en témoin muet. Cela m'imposait un devoir de vérité à l'égard de tous ces acteurs majeurs que furent d'Astier, Bidault, Farge, Frenay, Lévy, Passy*, etc., qui ont tous disparu. Il me fallait, sans trahir leur mémoire, raconter leurs doutes, leurs incertitudes, et faire connaître les ébauches de leurs projets tels que je les avais connus.

Je n'ai pas voulu édulcorer les affrontements entre les résistants et le représentant du général de Gaulle, auxquels j'avais assisté stupéfait. Après deux ans de discipline militaire à Londres où nous n'avions qu'un seul chef, le général de Gaulle, j'étais abasourdi de voir que l'autorité de son représentant en France, Rex*, pouvait être contestée par les chefs des mouvements de Résistance.

Je devais restituer, sans fard, la violence de ces échanges, car ils livrent des clés authentiques pour comprendre les

1. Voir *supra*, p. 66.

enjeux historiques de la période. L'autorité de Rex* était au centre d'un vaste affrontement. Il opposait les représentants des mouvements de la Résistance et les anciens partis politiques. Les premiers se considéraient comme les seuls légitimes pour incarner la France. Les seconds, représentatifs de l'ensemble du pays, étaient décrédibilisés par la défaite.

J'ai voulu informer les historiens, en racontant certains moments clés de l'histoire de la Résistance que je n'avais que brièvement abordés au cours de mon travail d'historien. Par exemple, j'ai longuement raconté la réunion du 11 décembre 1942 au cours de laquelle Gaston Defferre (Danvers*) s'opposa à Rex*[1]. Il accusait celui-ci de favoriser les mouvements grâce aux versements d'argent et d'armes, tandis que Rex* se voyait reprocher par les mouvements de donner trop de place aux vieux partis politiques, qui ne représentaient plus rien. Je me souviens de cette scène qui m'avait stupéfait : pour la première fois, j'entendis mon patron défendre Frenay (Charvet*) face au représentant du parti socialiste ! La scène est révélatrice de l'œuvre politique de Moulin qui consista bien souvent en un jeu d'équilibriste entre les différentes fractions de la France combattante.

Les enfants de la France Libre

Alias Caracalla a toutefois une ambition bien différente de celle de mes travaux d'historien. Si le lecteur ne se reconnaît pas ou, pis encore, n'« adhère » pas à mes souvenirs, cela n'altère en rien à mes yeux le sérieux de mon travail d'historien.

En racontant mon expérience de la guerre au jour le jour,

1. D. Cordier, *Alias Caracalla*, *op. cit.*, pp. 558-565 (« Folio », pp. 687-696).

j'ai d'abord voulu rendre justice à tous mes camarades, ces jeunes garçons quittant leur collège ou leur lycée pour s'engager à Londres avec de Gaulle, et dont les noms sont aujourd'hui oubliés. À l'exception du travail remarquable de Jean-Louis Crémieux-Brilhac sur la France Libre[1], il n'existe rien sur ces collégiens qui, à leur arrivée en Angleterre, ne savaient pas marcher au pas, mais constituèrent pourtant les premières troupes du général de Gaulle. Ces jeunes gens avaient tout quitté, abandonnant leur famille sans certitude de la revoir.

Certes, quatre ans plus tard, nous n'étions plus seuls pour libérer le pays. Mais au moment de la défaite, ces enfants furent l'honneur de la France. Même si le génie de De Gaulle est celui d'un rebelle ayant inventé les tables de la loi, son ambition serait restée une curiosité en l'absence de « croyants » : nous fûmes les « croyants » du Général !

À travers mon parcours, j'ai voulu rendre sensible l'expérience de tous ces garçons à peine sortis de l'enfance, avec toute leur naïveté et aussi leur pureté. Cet âge de l'existence, entre la fin de l'adolescence et le début de la vie d'homme, est difficile à vivre et à restituer. L'auteur de Mémoires se moque bien souvent de l'enfant qu'il fut depuis la position condescendante que lui offre le grand âge. J'ai voulu au contraire livrer un témoignage qui restitue la foi de la jeunesse confrontée à des événements catastrophiques.

Au-delà du cercle étroit de mes camarades de juin 1940, je voulais aussi, en racontant « ma guerre », rendre hommage aux soldats civils de la France Libre, restés des inconnus : agents de liaison, radios, saboteurs, secrétaires, qui ont servi dangereusement et souvent donné leur vie pour la France.

1. Jean-Louis CRÉMIEUX-BRILHAC, *La France Libre. De l'appel du 18 juin à la Libération*, Gallimard, « La Suite des temps », 1996.

Pour évoquer ces enfants de la France Libre, le souvenir de deux camarades, qui avaient le même âge que moi, s'est progressivement imposé dans le récit : François Briant, que j'ai connu dès mon arrivée à Londres, et Maurice de Cheveigné, rencontré à Thames Park en 1941 puis retrouvé à Lyon en août 1942. Bien que nous n'ayons jamais évoqué entre nous notre famille ou notre vie d'avant-guerre, c'est une amitié indéfectible, semblable à la fraternité, qui nous a unis. Je me devais d'autant plus de rappeler leur nom et d'évoquer leur présence, si vivante encore pour moi, que tous deux vécurent l'enfer des camps de concentration, dont ils restèrent meurtris à jamais.

François Briant, parachuté en France en juillet 1942 pour devenir le radio de Jean Ayral, fut trahi par son courrier, arrêté en avril 1943 et déporté à Buchenwald puis à Dora. Après ses deux ans de camps, nous nous sommes retrouvés en 1945. Sa foi s'était fissurée : pouvait-il en être autrement ? Il a trouvé la mort en 1948 dans l'ascension du Mont-Blanc. À l'annonce de sa mort, j'avoue avoir pensé qu'elle fut pour lui une délivrance…

Maurice de Cheveigné fut arrêté en 1944 puis déporté à Sachsenhausen. Dans l'après-guerre, je le revoyais régulièrement à l'occasion de ses passages à Paris. Il avait conservé ce charme envoûtant qui en faisait un tombeur de filles et m'impressionnait toujours par son absolue liberté. Pourtant, je percevais en lui une sorte de fêlure qui remontait à son expérience de la déportation. Il m'a toujours semblé qu'il fuyait quelque chose.

Deux lettres qu'il m'envoya durant l'été de 1945 témoignent de l'immense solitude qu'il a ressentie à la fin de la guerre. Songeant à quitter la France, pour recommencer sa vie « ailleurs », il m'écrivait : « Envisages-tu toujours de partir au Canada ? J'ai pas mal d'amis canadiens ici et je me suis renseigné. C'est plein de possibilités, même pour moi. Une chose qui peut être intéressante c'est l'Australie. Ou même les îles océaniques françaises. Je t'en parlerai plus longuement[1]. » Une semaine plus tard, il ajoutait : « Pour changer, je n'ai que des idées noires. Je sais que c'est idiot, mais vraiment je tombe de trop haut, j'ai vraiment trop perdu, espoir, choses, gens [...]. Ou alors je suis trop compliqué, ou peut-être suis-je seulement fou[2]. »

Je crois que cette tristesse ne l'a jamais quitté jusqu'à son suicide au début des années 1990, alors qu'il s'était retiré et vivait seul dans une chambre à Saint-Malo...

Germain et Mado**

Briant et Cheveigné étaient des camarades d'Angleterre. Il en allait différemment de ceux avec lesquels j'avais composé le secrétariat de Jean Moulin à Lyon : Laure Diebold (Mado*) et Hugues Limonti (Germain*). Tous deux accomplissaient des tâches répétitives, mais *essentielles* : Mado* tapait jour et nuit les télégrammes, comptes rendus et rapports et tenait les comptes que Rex* me confiait, tandis que Germain* passait ses journées dans les tramways ou le métro, transportant des valises pleines d'argent ou d'explosifs, et relevant les boîtes aux lettres. En somme, la routine héroïque de la Résistance...

Dans les Mémoires des grands personnages, le plus souvent, tout semble aller de soi, et ces exécutants n'apparaissent jamais : le chef commande, et des mains anonymes exécutent ! Germain* ou Mado* composent pourtant la véritable

1. Et Cheveigné poursuivait : « La France devient immédiatement, ou plutôt est confirmée, sans espoir de s'en sortir, une nation de second ordre. Je crois que nous ne pourrons affirmer notre supériorité que dans les arts et les connaissances. Si nous pouvons renaître là-dedans. »

2. Lettre du 15 juillet 1945, de Londres.

« armée des ombres » qui hante les abords de la grande Histoire sans jamais y accéder. Sans eux la Résistance n'aurait pas existé ! Pourtant personne, hormis leurs familles et leurs camarades, n'évoque jamais leur action ou même leur nom. Je devais rappeler que, par leur tâche, ils furent le fondement de toute la Résistance.

Au printemps de 1943, lorsque, à la demande de Rex*, je suis devenu le secrétaire de la Délégation nationale en zone nord, Germain* et Mado* m'ont suivi à Paris. Germain* avait une dizaine d'agents sous ses ordres pour assurer les liaisons quotidiennes avec l'ensemble de la Résistance. Mado* travaillait sans relâche pour retranscrire une masse de documents chaque jour plus importante. Tous deux furent arrêtés le 25 septembre 1943 à Paris, lors de la découverte du secrétariat de la Délégation, rue de la Pompe[1].

D'abord emprisonné à Fresnes, Germain* fut déporté à Buchenwald puis à Bergen-Belsen. Après la guerre, il ouvrit un atelier de mécanique à Villeurbanne. Dans les années 1980, quand j'ai commencé à rédiger mes ouvrages sur Jean Moulin, je l'ai revu à plusieurs reprises. Jusqu'à sa mort, d'un cancer, il était resté le même, discret, gentil, généreux.

Alsacienne patriote, Mado* s'était réfugiée avec son mari en zone libre en 1940. Mme Moret, ma logeuse, me l'avait présentée à la fin d'août 1942. Comme secrétaire, elle devint vite un des piliers de notre équipe. Lors de son arrestation, elle fit face à la Gestapo avec un courage inouï, faisant croire qu'elle n'était rien, alors qu'elle savait tout. Je me souviens d'ailleurs que Rex*, la seule fois qu'il lui avait dicté directement un courrier pour de Gaulle, m'avait demandé : « Si elle est arrêtée, croyez-vous qu'elle tiendra le coup ? » Choqué, je lui avais répondu : « J'en réponds comme de moi-

1. Sur cette arrestation, cf. *infra*, p. 138.

même. » Elle fut internée à Fresnes pendant quatre mois avant d'être déportée à Auschwitz, puis à Ravensbrück et Taucha, qui fut libéré par les Américains en avril 1945.

À la Libération, je lui fis intégrer la DGER, où elle redevint ma secrétaire. En 1946, elle retourna vivre à Lyon, où elle travailla dans une bibliothèque. Elle mourut dans cette ville en 1965, à l'âge de quarante-cinq ans, d'une longue maladie contractée lors de son internement. Cette très jeune femme n'avait pu résister à la destruction silencieuse de la déportation qui la condamnait de l'intérieur.

Évoquer leur mémoire éveille en moi un remords : après la guerre, je regrette d'avoir rompu avec eux comme avec tous mes camarades. J'étais alors trop jeune pour comprendre qu'il était inhumain de briser si brutalement un passé avec les filles et les garçons à qui je devais la vie… Hélas, je ne voulais pas reproduire ce qu'avait fait ma famille au milieu des années 1930, vivant toujours dans le souvenir de la Grande Guerre. Quand je songe à Germain*, Mado* ou Suzette, je reconnais avoir commis une grande faute.

Après la guerre, Mado* comme Germain* n'ont jamais rien réclamé de leur participation à la Résistance. Je suis néanmoins très heureux qu'ils aient été faits comme moi Compagnons de la Libération. Mado* fut même une des deux seules femmes faites de leur vivant Compagnon de la Libération[1] — sur cinq à avoir reçu la distinction.

Un roman de formation

Éclairer les historiens, faire revivre le souvenir de mes camarades… Une troisième raison, plus personnelle, a guidé le

1. L'autre était Émilienne Moreau-Évrard, membre du réseau Brutus.

choix d'écrire mes Mémoires. Azéma m'avait affirmé que mon itinéraire politique, celui d'un jeune bourgeois d'extrême droite que les circonstances avaient conduit, au terme de cinq ans de guerre, vers la gauche démocratique, méritait d'être retracé en détail. En ce sens, *Alias Caracalla* propose le récit de l'évolution morale et politique d'un jeune homme dans le contexte très particulier de la France combattante.

Ma formation catholique a sans doute joué un rôle essentiel dans ce désir de rendre compte de la complexité de mon itinéraire personnel. Cela répondait au principe de la confession : pour obtenir l'absolution, il me fallait avouer mes fautes de la manière la plus exacte possible...

Jusqu'à la guerre, j'étais un militant de l'Action française, fanatiquement antisémite et nationaliste. Mon idole était Charles Maurras, que je croyais retrouver à Londres en juin 1940 ! Les volontaires d'extrême droite dans la Résistance, comme Bénouville ou, dans une moindre mesure, François Mitterrand ou Claude Roy, avaient été fort discrets, n'ayant pas laissé de témoignage détaillé de leur évolution politique.

Depuis mon départ, en juin 1940, je me suis souvent demandé : « Et si j'avais manqué le bateau ? » Le *Léopold II* fut le dernier navire à quitter Bayonne le 21 juin 1940, à 19 heures. Étant donné mon milieu, ma famille d'anciens combattants, monarchiste de tradition, maurrassienne de raison et antisémite de passion, quelle dérive m'attendait sous le régime de Vichy si j'étais resté dans ma famille ? Je préfère ne pas y penser...

Mais je n'avais pas le droit de camoufler cette origine. Pis, de marquer aujourd'hui une distance que je n'avais pas autrefois. Je me devais de restituer ce choix avec la passion qui m'animait à l'époque. Mon lecteur doit pouvoir comprendre les méandres de mes convictions et l'enthousiasme de mon militantisme pour découvrir les mécanismes de mon évolution.

Pour l'homme de gauche que la Résistance a fait de moi durant les dernières années de guerre, replonger dans ce passé fut douloureux — et explique le temps qu'il me fallut avant d'écrire *Alias Caracalla*. Si, après avoir crié « À bas les Juifs ! », je dénonce aujourd'hui catégoriquement l'antisémitisme pour ce qu'il est, un crime contre l'humanité, cet aveu est le fruit d'une longue et terrible expérience ! Je voudrais que le lecteur perçoive, en même temps, à quel point le combat commun au service de la France transcendait les antagonismes politiques traditionnels. Par exemple, lors de mon premier dîner avec Rex*, le 30 juillet 1942, je lui ai dit la vérité sur mes opinions politiques parce que je ne voyais aucun mal à les défendre… Il ne fit aucun commentaire et me choisit comme son secrétaire. Cela peint le personnage et révèle ce qu'était la Résistance : une coalition d'adversaires. Nous ne jugions pas nos camarades sur leurs *convictions*, mais sur leur *engagement*. Si ma sincérité permet au lecteur d'aujourd'hui de comprendre ce lien spécial qui unissait les Français Libres ou les résistants, je ne regretterai pas d'avoir souffert en avouant la vérité de mon engagement politique initial. En tout cas, j'ai tout fait pour ne pas jouer à cache-cache avec mon passé. Trente ans après le début de mes travaux d'historien, j'espère que la recherche de la vérité est devenue chez moi un style de vie !

La forme du Journal

La forme d'*Alias Caracalla* n'a émergé que lentement du chaos d'un très long manuscrit, commencé au début des années 1990, racontant l'ensemble de mon existence. Ce texte comportait plus de deux mille cinq cents pages, tout en privilégiant la période 1940-1946, celle de « ma » guerre. Ce fut le choix de mon éditeur de finalement resserrer le récit sur les années 1940-1943.

Pour retrouver la vérité des instants qui demeurent vivants dans mon souvenir, il m'a paru essentiel de les réinstaller le plus fidèlement dans la chronologie. Je suis d'une certaine façon très naïf sur ce point : lorsqu'on écrit une histoire, on commence par le début et on poursuit jusqu'à la fin. Ce cadre de la chronologie me permettait d'échapper au regard rétrospectif qui déforme trop souvent les Mémoires en « reconstituant » le fil des événements dans un sens favorable aux acteurs. La difficulté de mon choix tenait pourtant à la rencontre de ma chronologie personnelle, avec sa part d'incertitude, avec celle de l'Histoire : il me fallait réinscrire la fluidité d'une vie de jeune homme découvrant l'existence à l'intérieur d'une armature chronologique exacte, qui était celle de l'histoire de la France Libre et de la mission de Rex* en 1943.

Une forme littéraire s'est imposée à mes yeux, celle du Journal. En corrigeant ce qui constituait au départ un vaste récit souvent incertain sur le plan de la chronologie, j'ai eu besoin de créer des divisions plus étroites. Ce « Journal inventé » m'a permis d'assigner à chacun de mes souvenirs une place précise dans l'ordre temporel. Par ce choix artificiel, je pouvais dévider la durée et inscrire mon passé dans les séquences clairement circonscrites des événements de la guerre. Grâce au Journal, des pans entiers de ce passé ressurgissaient peu à peu, quasiment intacts. Ainsi un temps singulier devenait de l'Histoire.

Le Journal permettait également de rendre compte de la temporalité très particulière dans laquelle se déployait « notre guerre ». L'urgence que réclamait notre combat contrastait en effet avec les conditions matérielles, particulièrement lentes, de notre action en France. J'ai parlé à cette occasion de « film au ralenti ». Puisque nos relations passaient par des boîtes aux lettres que l'on nous prêtait — l'usage du téléphone ou de la poste nous étant interdit —, nous mettions plusieurs jours pour organiser un rendez-vous avec des camarades qui étaient parfois nos voisins[1]. Nous étions d'une certaine façon projetés dans une époque antérieure et lointaine : nous vivions au XVIIIe siècle !

Le choix du Journal n'avait rien d'innocent. L'écriture d'un journal intime fut en effet une activité essentielle de ma jeunesse. À l'âge de quatorze ans, j'avais commencé d'en tenir un pour garder la trace de ma première aventure sentimentale ! Je me souviens encore de sa composition, sous la forme de notations brutes par lesquelles je décrivais, au jour le jour, mes émotions. J'ai conservé les quelques pages de ce journal : une dizaine de feuillets d'un agenda. Cette relation ayant échoué, j'ai recommencé quelques mois plus tard, en 1935, à tenir un cahier intime, mais qui se présentait cette fois comme un très grand cahier dans lequel je racontais au jour le jour l'évolution de mes sentiments. Quand je relirais ce journal, j'espérais pouvoir « revivre » l'intégralité du passé. Projet naïf… À Noël, mon beau-père découvrit ce texte que je conservais dans ma valise de collégien dans ma chambre. Je vécus cet acte comme une trahison et jetai tout au feu…

Après cet échec, en 1938, j'ai attendu plus de trois ans avant de renouer avec la tenue d'un journal intime. Dans ce nouveau texte, je parlais cette fois de tout, sauf de ma vie amoureuse. Dès le début de la guerre, j'entrepris la rédaction d'un Journal plus ambitieux, que je n'interrompis que le 20 juin 1942, jour de mon parachutage en France. Ce Jour-

1. Les liaisons apparemment libres en zone non occupée ont provoqué des milliers d'arrestations parce que les résistants n'étaient pas assez conscients des dangers de cette liberté apparente.

nal reprit le 1er juillet 1943 pour s'achever le 21 mars 1944. Durant cette période, il ne contenait que des réflexions littéraires ou morales, sans allusion à la Résistance. Après avoir quitté la France, j'ai renoué avec mon « vrai Journal », interrompu en 1942.

La première partie de ce Journal de guerre me fut d'une aide précieuse pour rédiger *Alias Caracalla* en ce qu'il m'offrait des repères chronologiques précis pour suivre l'évolution de ma pensée. J'envisageais au départ d'en publier de très larges extraits, qui auraient constitué autant d'« instantanés », afin que le lecteur participe au vécu d'autrefois et ressente les indignations, les joies et les contradictions du passé. J'y ai finalement renoncé pour donner plus de cohérence au récit. Par la suite, l'exercice d'écriture d'un Journal ne m'a jamais complètement quitté puisque je l'ai poursuivi toute ma vie de façon discontinue : j'écrivais cent pages ou plus lors d'une aventure ou d'une confidence, puis m'interrompais pendant quelques semaines ou plusieurs mois, avant de reprendre.

Je dois à la vérité d'ajouter que, parmi les lectures désordonnées de ma jeunesse, le *Journal* de Gide m'avait ébloui et demeura longtemps un modèle et mon livre de chevet. Gide fut d'autant plus important qu'il n'était pas une référence dans ma famille catholique conformiste, qui détestait les homosexuels : il était mon secret. Je l'avais découvert seul, à quinze ans, dans *Les Nourritures terrestres*, et, alors que j'en avais dix-neuf, avant mon départ de France, j'avais acheté les premiers cahiers de son *Journal*, qui venait de paraître en Pléiade.

Fabrice à Waterloo

Mon Journal « réinventé » pour raconter la guerre me semblait à même de restituer les incertitudes liées à ma position de jeune homme, observateur muet plongé dans la grande Histoire, dont il ne connaissait presque rien. Soldat détourné de sa mission de combattant pour servir le représentant du général de Gaulle en France, j'assistais en effet le plus souvent à des conversations dont les enjeux me demeuraient énigmatiques. J'ignore encore aujourd'hui pourquoi Rex* m'emmenait à la plupart de ses dîners ou rendez-vous : cela me semblait un gâchis de temps, puisque je devais accomplir une partie de mes tâches la nuit, après ces repas ou rencontres qui me paraissaient le plus souvent interminables…

En rédigeant mes Mémoires, j'ai tenu à me placer au ras de ce passé, sans masquer la méconnaissance que j'avais des enjeux véritables de la mission de Rex*. Mais j'ai aussi voulu conserver les pseudos des résistants[1]. Le lecteur peut ressentir aujourd'hui une partie du mystère dans lequel se déployait la vie clandestine : j'ignorais qui étaient la plupart des hommes que je rencontrais et qui partageaient ma cause. C'est ainsi que l'identité réelle de Rex* m'est restée inconnue jusqu'en octobre 1944, lorsque Pierre Meunier me l'a révélée à l'occasion d'une rencontre avec Laure Moulin. De la même manière, j'ai raconté la façon dont nous avions appris, avec Maurice de Cheveigné, le débarquement américain en Afrique du Nord, le 8 novembre 1942. Alors que nous attendions cet événement depuis le début de la guerre

1. C'est le pseudonyme Caracalla que m'a attribué Roger Vailland dans son roman *Drôle de jeu* (Corrêa, 1945) qui a fourni son titre au récit. Je retiens d'ailleurs un passage de ce livre qui évoque indirectement notre relation durant la guerre, du moins si c'est bien Vailland qui se cache derrière le personnage de Rodrigue : « On s'y rencontre [dans la Résistance] pour des raisons qui naguère eussent opposé : Caracalla parce qu'il est nationaliste, Rodrigue parce qu'il est communiste. Mais entre nous tous, héros et mercenaires, hommes de cœur et aigris, nationalistes et communistes, il y a un sentiment commun : la ferme volonté de "ne pas chercher par tous les moyens à sauver notre vie", de ne pas nous incliner devant le plus fort, de ne pas céder au destin contraire. »

et que ma position me plaçait de fait au centre de toutes les informations entre Londres et les mouvements, nous n'en avons été informés qu'après de nombreux Français !

Durant cette période, j'ai vécu la guerre comme Fabrice à Waterloo, qui assiste à l'un des plus tragiques événements de l'histoire de France, mais dont seule une infime partie lui est compréhensible. Le hasard a d'ailleurs voulu que je découvre durant la guerre ce roman de Stendhal, qui demeure un de mes préférés. À la fin du mois d'août 1943, Serreulles, qui avait succédé à Moulin à la tête de la Délégation, m'avait accordé huit jours de vacances. Je me suis installé à l'hôtel, et j'ai dévoré *La Chartreuse de Parme.* Dès cette première lecture, en 1943, j'ai reconnu mon engagement de soldat dans celui du héros de Stendhal.

En évoquant ma mission en France, il me fallait restituer la vie de la Résistance dans sa quotidienneté, et parfois sa banalité. J'ai, par exemple, insisté sur la solitude qui était celle des agents de la France Libre parachutés. Les consignes étaient formelles : nous n'avions le droit ni de revoir nos familles, ni d'entrer en relation avec nos camarades de Londres, ni de recevoir quiconque dans nos chambres. Ce simple fait nous distinguait radicalement de tous les résistants qui continuaient à avoir une vie familiale ou amoureuse. Pour des garçons de vingt ans, cela fut souvent terrible. En tant que radio, Cheveigné avait trois émissions à effectuer par semaine : le reste du temps, il allait au cinéma, bronzait à la piscine ou lisait des romans sans jamais pouvoir parler à qui que ce soit. Nous étions des étrangers dans notre pays natal ! Cette solitude était proprement insupportable, et il m'est arrivé plus d'une fois de violer les instructions de Londres, ce dont je me sentais invariablement coupable vis-à-vis de Rex*...

De manière générale, j'ai voulu que le lecteur puisse se représenter le travail de la Résistance dans sa dimension la plus concrète, derrière laquelle se cachent souvent des enjeux politiques fondamentaux. Je suis surpris, par exemple, que les historiens évoquent si peu le rôle décisif joué par la « radio » dans l'histoire de la Résistance. Dans l'ensemble du dispositif matériel de la France combattante, elle constituait le point le plus vulnérable par rapport aux Allemands. J'ai raconté la façon dont Cheveigné avait miraculeusement réchappé d'une descente de police dans sa chambre, en se présentant entièrement nu face aux Allemands venus l'arrêter : ils pensèrent avoir affaire à un fou[1]. La radio était un enjeu politique de première importance : sa possession assurait un lien permanent avec Londres jusqu'au printemps de 1944. Pour préserver l'autorité de la France Libre, il était essentiel que les postes de radio, fort peu nombreux, ne soient pas entre les mains des résistants...

L'usage des documents

Les lecteurs d'*Alias Caracalla* se disent souvent frappés par les détails que contient le livre et me demandent comment ils ont pu traverser intacts le temps. Une raison, en particulier, me semble l'expliquer. Après la guerre, n'ayant jamais « raconté » ma Résistance, mes souvenirs sont demeurés dans ma mémoire sous leur forme originelle. La plupart de mes camarades furent victimes du ressassement de leurs récits, qui déformaient souvent leur rôle véritable dans la Résistance.

En outre, je disposais d'une excellente mémoire. Dans son livre de souvenirs écrit au lendemain de la guerre, Farge m'a comparé à Inaudi, calculateur à la mémoire prodigieuse, qui

1. D. Cordier, *Alias Caracalla, op. cit.*, pp. 472-473 (« Folio », pp. 579-580).

faisait le délice des spectacles de mon enfance[1]. Ce magicien donnait de tête le résultat d'additions de nombres incommensurables proposés par les spectateurs. D'une certaine manière, telle était ma fonction auprès de Moulin : être capable de me souvenir de toutes ses directives et de tous ses rendez-vous qu'il m'interdisait évidemment de noter. De fait, alors que des pans entiers de ma vie demeurent absents de ma mémoire, je me souviens précisément de détails liés à mon activité de guerre. Mais il serait ridicule de croire que je me rappelle tout : ma mémoire est lacunaire, et j'ai mis un point d'honneur à ne pas remplacer mes oublis par des discours ou des récits inexacts. C'est ainsi que le livre contient souvent des « blancs », moments d'incertitude ou de suspens qui doivent demeurer vierges...

Cela dit, je n'ai pas rédigé *Alias Caracalla* en me fiant à ma seule mémoire. Plusieurs documents m'ont aidé à reconstituer ce que fut « ma guerre ». Je disposais tout d'abord de mon Journal, comme je l'ai dit, qui me permettait de me replonger dans les années anglaises. Celui-ci comportait pour l'essentiel des réflexions intimes : je ne cessais d'y évoquer la jeune fille que j'aimais à Pau, dont j'étais séparé pour mon plus grand malheur. Je lui ai donné le nom de Domino. Pour reconstituer ce que fut ma vie de soldat de 1940 à 1942, j'ai pu utiliser les journaux ou les Mémoires de guerre de certains de mes camarades. Maurice de Cheveigné avait rédigé, une quinzaine d'années avant sa mort, en 1992, des Mémoires intitulés « Radio libre ». Ils évoquaient de

1. Yves FARGE, *Rebelles, soldats et citoyens. Carnet d'un commissaire de la République*, Grasset, 1946, p. 37 : « Nous avions "notre" Jacques Inaudi : Cordier, que l'on appelait Alain à Lyon et Michel à Paris. Il ne notait rien, il savait tout. "Bonaventure, n'oubliez pas que le douze du mois prochain on vous attend à Grenoble, place aux Herbes, à neuf heures du matin", et il partait à grandes enjambées, désinvolte, très jeune homme du monde à marier et efficace en diable. » J'ai placé cette citation en ouverture d'*Alias Caracalla*.

façon sensible nos activités et notre amitié à Lyon en 1942 et 1943. Ces remarquables Mémoires, plus proches de la vérité que les écrits des « grands témoins » de la Résistance, n'ont intéressé, hélas, aucun éditeur[1].

Pour la période anglaise, je me suis appuyé sur les Mémoires inédits du commandant des compagnies de chasseurs, le capitaine Paul Hucher, qui avait combattu en Norvège[2]. Ces Mémoires restituent le jugement de nos supérieurs sur les « apprentis » que nous étions. À plusieurs reprises, Hucher exprime sa surprise devant notre détermination, notre discipline et la facilité de nous former.

Plus encore que mon Journal et les souvenirs de mes camarades, les documents liés à ma mission auprès de Rex* furent précieux pour reconstituer le fil des événements en France. Par mon activité de secrétaire, beaucoup de mes souvenirs sont en effet liés à ces documents. Soixante-dix ans plus tard, la lecture d'un document a le pouvoir d'accomplir en moi une véritable réminiscence : je retrouve la situation dans laquelle je l'ai codé, le contexte dans lequel Rex* me l'a dicté. Ainsi, en lisant son rapport autographe du 13 décembre 1942, surgit à ma mémoire la scène de l'après-midi du dimanche, moi assis dans le grand fauteuil de sa chambre, lui à la petite table qui lui servait de bureau. En le relisant aujourd'hui, je revois Rex* finissant d'écrire, son manteau sur les épaules et me tendant ses premiers feuillets afin de vérifier que j'en comprenais tout. Durant mon travail, la présence de Rex* redevenait sensible à la lecture de ces papiers d'autrefois. Ainsi ai-je retrouvé, écrites de ma main au verso de certains originaux, les traces de commandes d'objets qu'il m'avait demandé d'acheter ! D'une certaine manière, j'ai

1. Le texte est disponible sur Internet (*http://audition.ens.fr/adc/lug_2010/lug00.html*).

2. Tapuscrit du capitaine Hucher, archives IKT, 199, Vincennes.

fait un usage autobiographique de documents qui relèvent de la grande Histoire.

Il est arrivé aussi qu'un document m'aide à reconstituer mon expérience de la guerre alors que je n'en ai aucun souvenir. Ainsi mon séjour à Lyon du 13 au 15 juin 1943 est-il le dernier dont je me souvienne avant la mort de Moulin. Or j'y suis retourné le 19 juin. Ce n'est qu'à la lecture des instructions de Londres, datées du 12 juin et que j'ai consultées à Lyon le 19, que j'ai pu reconstruire en partie ce que j'y ai fait ce jour-là et la réaction qui fut la mienne en les découvrant. Mais ma mémoire ne peut combler ce que les documents ne disent pas sur le contexte précis dans lequel j'en ai pris connaissance. Dans de tels cas, il était essentiel de ne pas chercher à remplir par de faux souvenirs ce que seuls les documents attestent.

L'empreinte spatiale du souvenir

Lors de la rédaction de mes Mémoires, j'ai accordé une importance primordiale aux décors dans lesquels les événements que je rapporte se sont déroulés, ceux de mes deux années d'exil anglais comme ceux de ma vie dans la Résistance. Chaque fois que c'était possible, je suis allé à la rencontre du passé en essayant d'interroger ces décors sur les événements que j'y avais vécus. Ceux-ci avaient un pouvoir évocateur qui faisait affleurer d'autres souvenirs oubliés. La plupart des lieux de ma jeunesse, que ce soit Bordeaux, Arcachon ou Pau, ont peu changé. Il m'a donc été facile de vérifier leur conformité aux images que j'en formais. Je ne peux en dire de même de l'Angleterre, pays qui m'est cher entre tous et dans lequel je suis retourné maintes fois depuis la fin de la guerre.

En 1976, plusieurs camarades m'ont invité pour un voyage à travers l'Angleterre. À Camberley, j'ai revu, presque intact, le bourg avec ses petites maisons en briques, ses pubs, ses restaurants. Les villas qui nous avaient hébergés, à l'automne de 1940, durant un mois, pendant que les Anglais construisaient notre camp, étaient elles aussi intactes. Et l'église pseudo-gothique Saint-Tarcisius, où nous avions installé notre réfectoire, semblait toujours nous attendre au coin de la rue. Les fantômes évanouis de ma jeunesse surgissaient ! En revanche, tout l'après-midi, j'ai cherché en vain l'emplacement de Delville Camp, où nous avions passé l'été de 1940. Aucun habitant ne semblait avoir conservé le souvenir de ce camp, et la police elle-même ignorait son existence ! Seul un très vieil officier, habitant les lieux, crut se souvenir qu'il avait été rasé quelques années auparavant et remplacé par un supermarché, que j'ai effectivement trouvé... La forêt avait disparu, des maisons venaient d'être construites ici et là : comment reconnaître dans cette animation banlieusarde le calme campagnard de ce premier camp estival ?

Old Dean, qui, à partir de décembre 1940, nous accueillit jusqu'à la fin de la guerre, fut plus facile à localiser, même si le camp militaire avait disparu. Sur son emplacement, un lotissement avait été construit et, sur une place gazonnée, une pierre commémorative avait été dressée, évoquant ce lointain passé. Hélas, je ne l'ai pas retrouvée en 2009 lors de ma dernière visite...

De 1994 à 2001, j'ai poursuivi mon exploration de l'Angleterre de mes vingt ans. Je me suis notamment rendu à Inchmery, dans le Sud, où nous avions préparé nos missions. La propriété qui nous hébergeait venait d'être vendue, mais les travaux de transformation n'avaient pas commencé. J'ai eu la chance de visiter la maison dans l'état où je l'avais quittée le 23 janvier 1942. Il m'a fallu du temps pour redonner à cet espace la réalité qu'il avait peu à peu perdue dans ma mémoire. Mais j'ai effectivement revu ma chambre, avec son bow-window donnant directement sur la mer et sa vue sur l'île de Wight. J'ai même retrouvé les rails installés dans le parc pour nos exercices de sabotage !

Un autre lieu important pour moi fut Thames Park, notre école de radio, où j'ai passé quatre mois. Malheureusement, je n'ai pu visiter ce vaste château et n'en ai trouvé aucune photo. Entouré d'un parc de mille hectares, il semblait toujours appartenir à l'Intelligence Service. Seul dans ma mémoire subsiste le souvenir d'un noble bâtiment avec ses larges escaliers surplombant un bassin où s'ébattaient des cygnes et deux petits canards.

Heureusement, des souvenirs plus nombreux m'attendaient à Cambridge, lieu mythique entre tous pour tous les volontaires du BCRA : nous y passions notre dernière journée de liberté avant le parachutage en France... N'ayant pas été bombardée, la cité était restée intacte. Au soir d'une journée maussade, je me suis promené dans King's College, et, une fois de plus, ai visité avec émerveillement la cathédrale-chapelle. Seules quelques rares lumières dispensaient un peu de clarté sur les stalles de bois où étaient regroupés une vingtaine de choristes de tout âge. Je me suis assis sur un banc pour les écouter. Quelques minutes plus tard, les voix mêlées de l'enfance et de l'adolescence s'élevèrent, emplissant la nef d'un son irréel... Je suis demeuré longtemps dans cette pénombre, profitant de la pause pour m'échapper, enveloppé de mon secret d'autrefois...

Je suis aussi retourné à plusieurs reprises à Lyon. Avant tout, je voulais revoir la rue Philippeville et l'appartement des Moret, qui m'avaient logé au début de ma mission. La famille qui les avait remplacés m'accueillit aimablement et me fit visiter la maison. Les boiseries étaient les mêmes, et le vieux figuier bouchait toujours la vue de la salle à manger sur le jardin.

En dépit de quelques changements, la place des Terreaux, la rue de la République, la place de l'Hôtel-de-Ville, les traboules, la gare Perrache étaient restées le cadre intact du « grand jeu » qui s'y était déroulé durant des mois : les fantômes des résistants continuaient de courir, de s'attendre et de se rencontrer dans un silence désormais éternel…

Hélas, en revenant sur ces lieux en 2011, j'ai constaté que tout avait brutalement disparu : la maison des Moret avait été vendue, l'appartement redécoupé et décoré à neuf, et le figuier était mort. La gare Perrache et même la place Bellecour étaient devenues méconnaissables : des massifs meublaient cette dernière, ses grands platanes avaient été coupés, et Louis XIV chevauchait désormais parmi la foule…

Le logement de Rex* était un des lieux qui m'étaient le plus familier et dont tous les détails étaient présents dans mon esprit. Rien n'avait changé : ni la double entrée de l'immeuble, ni sa batterie de boîtes aux lettres en bois. Je retrouvai également intact « Le Garet », le restaurant de mon premier dîner avec Rex*, le 30 juillet 1942.

À Paris, en revanche, où j'avais vécu cinquante ans, les souvenirs de ma vie ne se sont jamais superposés à ceux de la Résistance. Le Paris de l'après-Libération, qui fut celui de mon existence, m'a construit un écrin protégeant jalousement celui de la Résistance. Bien que, matériellement, les deux se recoupent en quelques endroits, j'ai parfois du mal à croire que ce soit la même ville et surtout que je sois le même homme…

Affaire de tempo

La rigueur du cadre chronologique que m'imposait la forme du Journal m'a permis de rendre sensible le *tempo* de ma transformation politique. Celle-ci fut très progressive. Je n'ai pas connu de « chemin de Damas » qui m'aurait fait passer, sous l'effet d'une conversion foudroyante et théâtrale, du camp de l'Action française à celui de la gauche démocratique. Après vingt ans d'éducation familiale réactionnaire et d'endoctrinement religieux dans mes collèges, c'était impossible.

Mon évolution a ressemblé plutôt à la fonte d'une banquise. Par étapes, des pans entiers de mon éducation, de mes convictions, de mon passé se sont désagrégés. J'ai pu l'observer à la lecture de mon Journal d'Angleterre : en juillet 1940, je pleurais la mort du duc de Guise ; en novembre, après l'assassinat de Marx Dormoy (ministre socialiste), j'écrivais une lettre de protestation au journal *France* de Londres pour condamner le long article élogieux qu'il y avait consacré ! Je n'avais pas changé. Je m'indignais toujours du Front populaire et ressassais des horreurs contre les Juifs : le bloc de mes convictions était intact. J'ai retrouvé dans les archives une lettre du 7 août 1941 dans laquelle Henri Hauck avertit René Cassin qu'il a reçu un mois plus tôt le « sergent Cordier », venu protester avec véhémence contre ses articles dans *France* et ses causeries radio matinales. Hauck ajoutait : « [C]ertains volontaires — sans parler de certains officiers — n'ont pas encore compris que, comme le rappelait le général de Gaulle dans son récent discours de Beyrouth, cette guerre est une guerre idéologique, la guerre de la liberté contre la tyrannie, mais encore entretiennent parmi nos troupes une mentalité fasciste qui s'apparente à celle de Vichy, et qui ne peut que servir les hommes de Vichy. » Je me rappelle avoir écrit le lendemain dans mon Journal que Hauck n'était qu'un propagandiste du Front populaire[1] !

1. Je notais : « 11 juillet. Vieux représentant du Front popu. Rien à faire de ce côté-là, mais prendre de plus en plus conscience du rôle que nous aurons à jouer dans la restauration de la France par les Français. »

Quatre mois plus tard, à l'automne de 1941, le capitaine Georges, grand avocat parisien d'une quarantaine d'années, me tint les mêmes propos. Plus intelligent et cultivé, son argumentaire me décontenança. Pour la première fois, quelqu'un pointait mes contradictions en démontrant que je ne pouvais pas à la fois soutenir Maurras et compter au rang des combattants à Londres. Au début du mois de décembre 1941, grâce au capitaine, j'écrivis ainsi dans mon Journal deux pages dans lesquelles je faisais le procès de Maurras et de son adhésion au traître Pétain ! Mais la rupture avec l'homme laissait intacte sa doctrine, qui demeurait mon credo. Sans que je me l'avoue, pourtant, un inconnu s'immisçait en moi.

La solitude anglaise fut aussi un exil politique. Je n'avais plus de camarades avec qui crier tous les jours : « Vive le roi ! » Coupé de ma famille, j'étais isolé dans un milieu où le royalisme était loin d'être la règle. Bien sûr, il y avait parmi nous quelques partisans de l'Action française, mais la majorité des jeunes gens étaient comme mes camarades de collège : indifférents ou hostiles aux idées de Maurras et surtout peu politisés. En outre, j'avais découvert les Anglais, que j'avais appris à considérer comme nos ennemis héréditaires. Mes camarades d'Action française d'avant-guerre partageaient le jugement selon lequel ils s'étaient comportés comme des lâches durant la guerre de 1914. Mais voilà que ces « lâches » étaient désormais nos alliés et que tous les jours la population anglaise nous témoignait une hospitalité et une sympathie extraordinaires.

Je dois aussi avouer que la perfection formelle des discours du général de Gaulle me troublait. Mais je n'étais pas parti à Londres pour sauver la République ! Mon antirépublicanisme avait même été galvanisé par la défaite : la République avait trahi, et les parlementaires étaient responsables du désastre. Le 28 octobre 1940, quelle ne fut pas ma surprise horrifiée lorsque je lus dans le journal *France* que le manifeste du général de Gaulle à Brazzaville stipulait que nous étions toujours en République ! Je ne compris qu'au fil des mois et des années que la République était l'horizon de nos combats…

Deux ans plus tard, c'est la Résistance qui provoqua la mutation décisive. Les rencontres avec Bidault, Bastid, Farge, Kaan, Sartre, Vailland, etc., et avant tout avec Rex*, modifièrent ma façon de penser. En silence, j'intégrais peu à peu cette évidence : le combat auquel je participais n'était pas seulement contre les « Boches », mais contre des doctrines criminelles (fascisme, nazisme) et surtout pour la Liberté, c'est-à-dire la démocratie. Avec ces hommes, tous plus âgés que moi, je découvris avec stupeur que la République était devenue le sens de mon combat…

Pierre Kaan : une autre Résistance

Kaan, que j'ai connu en janvier 1943, a joué un rôle déterminant dans mon évolution politique et morale. En zone nord, il était chargé de la coordination des actions de la Résistance intérieure, tandis que j'assurais toujours le secrétariat de la Délégation. Pendant l'été de 1943, après l'arrestation de Rex*, nous dînions tous les soirs ensemble pour traiter des questions de travail. Arrêté, hélas, en décembre 1943, il fut déporté à Buchenwald, et trouva la mort peu de temps avant la libération du camp, en mai 1945.

Quand j'ai fait sa connaissance, Kaan, âgé d'une quarantaine d'années, était professeur de philosophie. Il m'éblouissait par son savoir. Comme Bastid ou Menthon, il était curieux de connaître les raisons de mon départ à Londres, lui qui avait traversé la France à bicyclette pour rejoindre un port atlantique, où il arriva trop tard pour attraper un bateau pour l'Angleterre ! Observant mon allure de garçon à peine sorti de l'adolescence, il ne pouvait dissimuler sa surprise.

Ce que Kaan m'avait raconté de sa vie dès notre première rencontre me fascinait. Très jeune, il avait adhéré au parti communiste, mais l'avait quitté en 1930 pour rejoindre le Cercle communiste démocratique fondé par Boris Souvarine, dont il était devenu un ami proche. Rien ne lui était plus étranger que le sectarisme des membres du parti. Lui, pourtant homme de gauche, ne m'a jamais fait le moindre reproche au sujet de Maurras.

En janvier 1943, Rex* l'avait chargé de nouer des contacts avec des intellectuels qu'il connaissait et qui désiraient travailler dans la Résistance. C'est pourquoi à Paris, en juin 1943, Kaan souhaita que je rencontre son ami Sartre. Ce dernier était désireux d'agir, de se lancer dans la lutte armée et, entre autres, de faire sauter des trains. Malheureusement, comme tant d'intellectuels, il était désemparé quand il s'agissait de passer à l'action. Ce fut d'ailleurs une cruelle déception pour moi de constater, tout au long de la guerre, le silence et l'inaction d'écrivains que j'admirais, tels Gide ou Valéry. Pour un Jean Cavaillès ou un Jean-Pierre Vernant, qui se sont engagés dans l'action quotidienne, combien d'intellectuels ont véritablement participé au combat ?

Sartre, lui, souhaitait s'engager activement. Lors de notre première rencontre, à la mi-juillet 1943, je lui ai proposé de le mettre en contact avec le représentant du général de Gaulle. « Non, c'est avec vous que je veux travailler parce que vous êtes un authentique combattant ! » Que pouvais-je répondre ? À la fin de juillet, il me demanda de participer à une réunion avec des amis, en compagnie desquels il souhaitait agir. Celle-ci se tint dans un appartement du boulevard Saint-Germain, après quoi, en dépit des déclarations enflammées des uns et des autres, je n'entendis plus parler d'eux.

J'ai tout de même continué de voir Sartre régulièrement jusqu'à mon départ de Paris, au début de 1944. Les questions qu'il me posait alors ne concernaient plus la Résistance, mais l'évolution de la guerre. Son antigaullisme me stupéfiait : pour lui, de Gaulle était un fasciste !

Membre de Franc-Tireur, journaliste au *Progrès de Lyon*, Farge était lui aussi un homme de gauche, mais au profil bien différent de celui de Kaan. Ce n'était pas un intellectuel, mais un écrivain anarchiste, qui avait connu la misère dans la France d'avant-guerre. Il m'avait raconté ses Noëls à Marseille, où, plus d'une fois, il lui était arrivé de devoir chanter dans les chœurs de l'Armée du salut pour obtenir un repas. Moulin lui avait confié la mission d'organiser le maquis du Vercors. Nous y étions allés ensemble au début de l'année 1943. Ce voyage fut l'occasion de discussions politiques passionnées. Farge était en effet un des seuls « adultes » qui s'adressaient à moi sur un pied d'égalité. À ses côtés, je n'étais plus un témoin muet, mais un interlocuteur actif. Je n'en étais que plus décontenancé par son antigaullisme forcené.

Mon antisémitisme

C'est très progressivement que mon antisémitisme a disparu au cours de la guerre, avant de s'effondrer dans la honte au début de 1943. J'ai longtemps hésité à aborder cette question, tant mon évolution a été longue et difficile. Mais le jour où j'ai compris que je ne pourrais écrire qu'en disant la vérité, j'ai décidé de tout avouer, pour le meilleur ou pour le pire.

Plusieurs lecteurs m'ont dit leur consternation en apprenant qu'en 1942 le secrétaire de Jean Moulin pouvait trouver du plaisir à lire *Les Décombres* de Lucien Rebatet, un modèle achevé de littérature antisémite ! Si c'était avant tout pour moi un livre bien écrit, je dois aussi reconnaître que son antisémitisme, au lieu de me révolter, m'était familier. Le 23 août 1942, je me suis senti mal à l'aise, lors d'un dîner en compagnie de Bidault et Rex*, de les entendre tous deux condamner l'infamie de Vichy, qui venait d'arrêter plusieurs milliers de Juifs en zone libre pour les remettre aux Allemands. Nul ne savait où ces Juifs seraient expédiés. Bidault et Rex* cherchaient une solution pour les sauver. Durant plusieurs jours, ce drame fut au centre de leurs conversations. Je ne comprenais pas leur intérêt pour cette cause et trouvais qu'ils accordaient trop d'importance à ce qui n'était qu'un « fait divers ». Pour moi, résister c'était faire sauter des trains, tuer des Boches, pas sauver des Juifs...

Peu après, au début du mois de septembre 1942, un de mes camarades d'Angleterre, Paul Schmidt, officier de liaison avec le mouvement Libération, me dit : « J'ai la garde de trois pilotes anglais abattus en route pour la frontière. Je dois les héberger ce soir, mais personne n'en veut. Il faut que tu en prennes un pour la nuit. » Ce genre d'initiative était strictement interdit par notre service. La discussion fut vive, mais à la fin, malgré mes réticences, j'acceptai. Quinze jours plus tard, Schmidt m'a proposé quelqu'un d'autre. Naturellement, j'ai refusé : « Une fois suffit. C'est non ! » Je n'oublierai jamais le regard justicier de mon camarade, pourtant partisan de Doriot avant-guerre : « C'est un Juif. Si tu ne le prends pas, tu seras responsable de son arrestation. » Je logeais dans une petite chambre, mais j'ai accepté. Bien que toujours antisémite, je ne pouvais, sans me déshonorer, laisser arrêter un innocent, même s'il était juif...

À cette même époque, j'avais besoin de recruter du personnel pour le secrétariat de Lyon, où je ne connaissais personne. J'ai pris sur moi de contacter deux camarades d'avant-guerre, militants comme moi à l'Action française. Je leur ai attribué dans *Alias Caracalla* les pseudonymes de Carquoy et Blanquat. Ils vivaient à Toulouse et savaient par ma famille que j'étais parti à Londres en 1940. Je leur ai demandé tout de go : « Voulez-vous travailler avec moi ? » L'un d'eux m'a répondu : « Tous les Juifs et leurs amis du Front populaire sont partis à Londres pour se planquer. Ce sont des lâches ! Ils sont à l'abri avec leur fortune et attendent de rentrer dans les fourgons de l'étranger. » L'autre a ajouté : « Le Maréchal est peut-être gâteux, mais il fait du bon travail. Il nous débarrasse du "peuple élu". » Je m'entends encore lui répondre, révolté : « Mais à Londres, les Juifs se battent pour l'honneur de la France ! » Ma réaction spontanée m'a sidéré : pour la première fois de ma vie je défendais les Juifs ! En même temps, je me rendais compte de mon incohérence : ma conscience évoluait plus vite que mes idées. Si je n'acceptais pas que l'on dise qu'il n'y avait que des Juifs à Londres, c'est parce que c'était faux. Mais ceux qui étaient là-bas, Juifs ou pas, avaient le courage de se battre pour l'honneur et la liberté de la France. Ma discussion avec mes anciens camarades révélait que j'avais changé, mais je l'ignorais encore.

Je précise que ces deux « camarades » d'Action française, pétainistes durant la guerre, sortirent indemnes de l'épuration. Lors des derniers combats de la Libération, dans la pointe de Grave, l'un d'eux et son frère aîné, médecin, avaient monté un petit hôpital mobile pour soigner les blessés FFI qui attaquaient la garnison allemande retranchée dans la pointe.

L'ultime étape de ma conversion est survenue le 25 mars 1943, jour de mon arrivée à Paris. En redescendant de la place de l'Étoile, où j'avais tenu à aller me recueillir sur la tombe du Soldat inconnu, j'ai remarqué sur le trottoir, marchant dans ma direction, un homme d'une soixantaine d'années accompagné d'un enfant : tous les deux portaient l'étoile jaune. C'était la première fois que j'en voyais. Je ressens encore l'insupportable choc de cette scène. Tout ce que j'avais lu sur ce sujet ne m'avait rien appris avant l'apparition de ces deux êtres *innocents* marqués comme du bétail… J'aurais voulu les embrasser, les protéger. Je me souviens de mon trouble pendant le déjeuner solitaire qui suivit : comment avais-je pu adhérer à des idées dont l'infamie m'éclaboussait ? Brusquement, je fus envahi par la honte.

De ce jour, mon passé idéologique s'est désintégré.

Faire parler Moulin

En rédigeant mes Mémoires, j'ai découvert que mon écriture prenait souvent la forme de dialogues. Ma main ouvrait instinctivement les guillemets, indépendamment de ma volonté. Évidemment, je suis conscient que les paroles que je me prête ou celles que je place dans la bouche d'un de mes camarades ou de Rex* ne correspondent pas, bien souvent, au *mot à mot* prononcé. Pourtant, à l'égard de Rex* ou de Bidault, de Manuel, Kaan ou Hessel, en certaines occasions, me reviennent des mots, des expressions ou des tournures dont je me souviens parfaitement et que j'ai essayé de restituer. À mesure que j'avançais dans la rédaction de ces Mémoires, j'étais de plus en plus soucieux de la précision du récit, surtout dans les séquences qui révèlent les opinions inconnues des acteurs. J'ai parfois hésité à citer des paroles dont je me souvenais fidèlement, parce qu'elles me paraissaient trop éloignées des positions officielles des intéressés à l'époque. J'ai pourtant décidé de les conserver, à mes risques et périls, mais en prévenant le lecteur : les récits que j'ai reconstitués sont, en dépit de tout, plus ou moins ornementés par l'imagination et l'oubli. Ai-je eu tort ? Je ne sais. Comme disait le peintre Nicolas Poussin, « je n'ai rien négligé » pour m'approcher au plus près de ce qui me semble être l'authenticité de leur parole.

Les mots de Rex* revêtaient pour moi une importance particulière puisqu'il était mon patron. Il demeure dans la mémoire commune un héros muet, une icône dépourvue de voix ou de tout ce qui fait une existence sensible, une allure, une démarche. En écrivant, j'ai tenté de restituer sa présence physique tout en collectant fidèlement ses paroles. Je songe, par exemple, à l'une de nos premières conversations, le 17 août 1942, alors qu'il sortait excédé d'une réunion avec Frenay et les autres chefs. Il m'a emmené dîner et a prononcé alors une condamnation sans appel des chefs de la Résistance. C'était la première fois qu'il se confiait véritablement. Stupéfait, je l'écoutais sans prononcer un mot. Par la suite, ces monologues se sont souvent reproduits. Tout en prenant garde à respecter son « mot à mot », il me fallait restituer la spontanéité de cette parole, telle que ma mémoire l'avait enregistrée. Ce jour d'août 1942, par exemple, sa dernière phrase est restée longtemps gravée dans mon esprit : « Je vais les expédier à Londres, et le Général se débrouillera[1]. »

J'espère en tout cas avoir tenu compte de la distance et du secret qu'il incarnait pour le jeune homme que j'étais. Car nos conversations n'en étaient pas vraiment : il s'agissait surtout de monologues. Je n'ai jamais oublié qu'il était mon patron, et qu'une part essentielle de lui-même me demeurait inaccessible. Mais j'ai aussi raconté ces moments singuliers où, d'une inflexion, il témoignait à mon égard une forme d'affection, dont le souvenir me bouleverse encore

1. Tout comme je garde à l'oreille une de ses dernières phrases, le 15 juin 1943, au restaurant *Le Coq au vin* : « Et puis, dans une semaine, nous serons peut-être tous arrêtés » (D. CORDIER, *Alias Caracalla, op. cit.*, p. 888 ; « Folio », p. 1097).

aujourd'hui. Cette affection était pourtant exclusive de toute forme de familiarité et ne se traduisait jamais par la moindre effusion. Je pense notamment à ce mois de décembre 1942 où il vint me réconforter chez les Moret, alors que j'étais malade : il avait apporté pour me la donner, enveloppée dans un journal, toute sa ration de sucre.

21 juin 1943

Mon récit s'achève au lendemain de l'arrestation de Jean Moulin, le 21 juin 1943, à Caluire. Cette césure pourrait paraître étrange puisque « ma » guerre s'est poursuivie jusqu'à la démission de De Gaulle, le 20 janvier 1946. Mais c'était une évidence puisque l'arrestation de mon patron marque le tournant décisif de ma vie.

Durant ma mission à Paris, pour rencontrer le maximum de responsables dans le moins de temps possible, je m'étais fixé une règle concernant mes rendez-vous : je les donnais toutes les demi-heures sur une même ligne de métro que je modifiais chaque jour. Une fois le rendez-vous terminé, je reprenais le métro et descendais à la station suivante. Je revois encore la scène que j'ai essayé de restituer à la fin d'*Alias Caracalla.* Ayant rendez-vous, le mardi soir 22 juin 1943, vers 18 heures, avec mon chef courrier Germain* sur un quai de la station Châtelet, je l'attendais, fatigué, assis sur un banc. La rame de métro arrive, les portes s'ouvrent, quand j'aperçois Germain* sauter du wagon et courir vers moi. Je me lève, vais à sa rencontre, tandis qu'il murmure : « Le patron… » J'ai tout de suite compris. Je n'avais jamais formulé l'hypothèse de son arrestation, car j'étais certain que nous pouvions tous être arrêtés, sauf lui : à mes yeux, Rex* était invulnérable…

En écoutant Germain*, j'ai reculé jusqu'au banc et me suis laissé tomber, anéanti. J'avais le sentiment que, quoi qu'il arrive désormais, nous avions tout perdu. Germain* racontait des choses confuses : il y avait eu une réunion dans la banlieue de Lyon au commencement de laquelle les Allemands étaient intervenus, et la Gestapo avait arrêté tout le monde. Lors de mon rendez-vous suivant, au métro Saint-Michel, je devais retrouver Meunier et Chambeiron. À voix basse, je leur ai annoncé la nouvelle, et nous sommes sortis en silence pour dîner sur la place. Je voulais partir à Lyon le soir même, avec un projet simple : rassembler des camarades, constituer un commando et attaquer la prison à la dynamite ! Meunier me l'a interdit : « Ton devoir n'est pas à Lyon, mais à Paris. Tu es au centre de tout, en particulier sur le plan financier. Rex* l'a voulu en te nommant ici. Nous allons nous occuper de son évasion. »

J'ai toujours eu le sentiment que Rex* avait été abandonné par les mouvements de Résistance. À l'heure de vérité, il n'y a eu aucune tentative pour le libérer de prison. Cela en dit long sur ce que la Résistance pensait de lui. Compte tenu des relations tendues, souvent exaspérées, qu'il entretenait avec les mouvements, hélas, cela ne pouvait que se terminer de cette manière. Après tout ce qu'il avait donné de lui, il ne s'est pas trouvé un seul homme pour attaquer la prison de Lyon où il était incarcéré et sauvagement torturé ! Avec le temps, ce sentiment reste douloureusement présent à ma conscience.

Pendant des mois, les conditions de son arrestation sont restées inconnues : nous ne comprenions pas comment les Allemands étaient arrivés à Caluire. Puis s'imposa une rumeur selon laquelle Hardy avait trahi. Pour ma part, je ne le connaissais pas et n'avais entendu prononcer son nom, sous le pseudonyme de Didot* ou de Fer*, qu'une seule fois, de la bouche de Rex* lui-même, le 15 juin 1943. Didot* ayant rendez-vous avec le général Delestraint, chef de l'Armée secrète, qui venait d'être arrêté le 9 juin, des soupçons se faisaient jour. Moulin me donna trois fois l'ordre de prévenir tout le monde à Paris de ne prendre aucun rendez-vous avec lui jusqu'à nouvel ordre.

✧

Bien que je sois attaché à peu d'êtres, je suis affectif et ne peux travailler, collaborer avec quelqu'un sans l'aimer et me sentir aimé ! Mes relations ont toujours eu ce caractère passionnel, qui parfois se termine mal. Avec Rex*, j'avais l'impression d'exister non pas comme un enfant, mais comme un homme. Il avait remplacé mon père, dont il avait l'âge, bien qu'il ne lui ressemblât nullement. Nos relations, cependant, n'étaient pas celles d'un père et d'un fils. Elles comportaient une singularité tragique : j'étais la seule personne qui détenait sa liberté entre ses mains. À soixante-dix ans de distance, je reste étonné par le point de départ de notre rencontre : qu'il se soit adressé à un jeune inconnu d'extrême droite pour lui remettre les clés de son existence !

Je ne me suis jamais posé sans inquiétude la question ultime, celle de savoir ce que seraient devenues nos relations s'il avait survécu à la guerre.

Après Caluire

Après le 21 juin 1943, j'ai vécu la fin de la guerre en somnambule. Devenu secrétaire de la Délégation générale à Paris sous les ordres de Serreulles, le successeur de Rex*, j'ai poursuivi mon travail comme avant : gérer la caisse, organiser les liens avec les mouvements, planifier les réunions, répondre au courrier… Pourtant, *rien* n'était comme avant. Pour moi, la Résistance était finie, une existence s'achevait. J'éprouve quelque difficulté, encore aujourd'hui, à l'expliquer, mais c'était ainsi.

En décembre 1943, Germain*, incarcéré à Fresnes, parvint à me faire passer un message par sa sœur : la Gestapo possédait ma photo et me recherchait activement. J'ai aussitôt demandé mon rappel à Londres. Il me fallait « couper » — c'est l'expression que nous employions — avec la Résistance. C'est pourquoi, avec Cheveigné, je me suis réfugié pendant quinze jours dans une maison d'Antibes prêtée par Roger Vailland. Je suis rentré à Paris au début du mois de février 1944 en ayant coupé tous les liens avec mes camarades. Je menais une autre vie, dans un Paris jusqu'alors inconnu de moi : je sortais, allais au théâtre, etc. Je me souviens notamment d'avoir vu, à la Comédie-Française, l'extraordinaire *Soulier de satin* de Paul Claudel dans la mise en scène de Jean-Louis Barrault. Projeté dans ce milieu qui vivait dans la compagnie des Allemands, je me suis rendu compte qu'au centre de Paris, aux Champs-Élysées, à l'Opéra, une vie mondaine extraordinaire d'élégance et d'opulence avait repris son cours. Bien sûr, je craignais de croiser des résistants ou des membres des mouvements. Heureusement, leur activité était cantonnée à des zones précises de la capitale — Saint-Lazare, le jardin du Luxembourg, le Trocadéro —, que je m'efforçais d'éviter.

Le 20 mars 1944, j'ai finalement quitté la France pour rejoindre Londres en passant par l'Espagne, où le représentant de la France Libre à Madrid m'attendait. Arrêté à la frontière par la garde civile, j'ai passé quelques jours à Saragosse puis huit jours en prison à Pampelune, avant d'être placé à Miranda de Ebro. Ce camp, conçu au départ pour interner des Républicains espagnols, était devenu en 1944 un vaste camp international dans lequel la police espagnole avait incarcéré tous les étrangers qui traversaient le pays pour fuir l'Europe : plus de quatre mille ! Parmi nous se trouvaient même des soldats allemands qui avaient déserté...

Libéré au bout d'un mois, je me suis rendu avec plusieurs camarades de la France Libre à Madrid, où nous sommes restés deux jours. Puis nos destins se sont séparés à Gibraltar. Alors que mes camarades étaient dirigés vers l'Afrique du Nord, je suis rentré seul en Angleterre. L'avion était rempli d'officiels et de généraux anglais et américains. On m'a placé dans la cabine réservée au courrier, où j'ai dormi pendant tout le voyage, allongé sur une montagne d'enveloppes de tous formats.

Le Londres que je découvris en 1944 ne ressemblait plus à celui que j'avais quitté deux ans auparavant, encore moins à celui de 1940 ! Le BCRA était devenu une très grande structure, constituée pour l'essentiel avec des soldats d'Alger. Les rares anciens du BCRA, dont je faisais partie, méprisaient ces opportunistes qui avaient accepté de Gaulle à l'été de 1943, alors que la victoire se profilait. Je pus d'ailleurs constater que nos nouveaux « camarades » avaient installé dans leur réfectoire un immense portrait de Pétain ! Avec mes amis du « vieux » BCRA, nous nous faisions un point d'honneur de ne jamais déjeuner avec eux.

Claude Bourdet et de nombreux historiens ont eu raison à cet égard d'insister sur le tournant politique que constitua le départ de De Gaulle à Alger durant l'été de 1943 : désormais, les « pétainistes » de l'armée d'armistice représentaient la France en guerre ! Nous considérions que de Gaulle, depuis sa prise de pouvoir à Alger, nous avait été volé...

J'ai été un temps chargé, en compagnie d'un garçon remarquable, Jean Vidal, de préparer le trousseau de parachutage des agents que nous envoyions au combat. Malheureusement, « ma » guerre était finie. Chaque jour, à midi, nous jouions au tennis, et le soir nous dînions dans un grand restaurant...

Une vie en sursis

Durant mon séjour en France, j'ai eu parfois très peur. Le dire autrement serait une fanfaronnade. Ce que je devais accomplir chaque jour était dangereux. Nous apprenions fréquemment que nos camarades, en raison d'un retard à un rendez-vous ou d'une boîte aux lettres « brûlée », avaient été arrêtés. Jour et nuit, nous attendions tous notre arrestation, chaque jour écoulé étant un sursis accordé. Mais je dois avouer que lorsque la menace immédiate s'éloignait, la peur s'évanouissait presque immédiatement. Nous avions trop de choses à accomplir pour penser précisément à la chute. À vingt ans, peut-on même vraiment l'imaginer ?

Je songe souvent à la place Bellecour, au centre de Lyon, devenue le lieu de ralliement de toute la Résistance. Autour de la statue équestre de Louis XIV, il n'était pas rare de voir plusieurs résistants attendre leur rendez-vous, si bien que j'ai peine à comprendre comment nous avons pu échapper aux arrestations.

La souricière de la rue de la Pompe reste un souvenir particulièrement cruel. Le 25 septembre 1943, le bureau du secrétariat de la Délégation fut découvert par la Gestapo. Neuf membres du secrétariat, parmi lesquels Germain* et Mado*, furent arrêtés et un ensemble d'archives saisies. Je crois qu'une telle arrestation, avec ses conséquences catastrophiques, ne serait jamais arrivée avec Rex*, qui faisait toujours montre d'une extraordinaire prudence. Son successeur, Serreulles, qui venait d'arriver de Londres, était trompé par l'apparente tranquillité de la vie parisienne et ne mesurait pas le danger dans lequel nous vivions. Par exemple, dès son arrivée, il s'était installé dans le secrétariat de Mado* pour dicter ses courriers, et donnait ses rendez-vous dans ces mêmes bureaux ! J'étais effrayé du nombre de services qu'il créait, avec leur dizaine de responsables, accompagnés chacun de son personnel, sans prendre la mesure du danger ainsi occasionné. Il contrevenait à lui tout seul à toutes les règles de sécurité. Serreulles fut néanmoins estimable puisqu'il couvrit ses subordonnés — dont la responsable des logements, par qui la Gestapo avait trouvé toutes les adresses —, et seul en assuma la responsabilité auprès de Londres.

Trois mois plus tard, j'ai moi-même frôlé la catastrophe. J'avais un rendez-vous de secours avec un courrier à la station de métro Solférino. Prudent, je m'étais posté de l'autre côté du boulevard Saint-Germain et, dans le reflet de la vitrine d'un magasin, observais la sortie de métro. C'est alors que je vis un homme assis sur un banc retirer son chapeau et regarder quelque chose à l'intérieur. Le signal était clair : il vérifiait ma propre photo pour m'arrêter. En promeneur nonchalant, je me suis alors dirigé vers la place de la Concorde...

Mais comprenant le danger, j'ai demandé à Jacques Bingen d'être renvoyé en Angleterre. Ce fut l'occasion d'une conversation douloureuse, car il avait besoin de moi et voulait me retenir à tout prix. Serreulles et Brossolette avaient été rappelés à Londres, et il était le seul responsable de la France Libre. Je connaissais tous les chefs de la Résistance, les responsables des services et le fonctionnement compliqué du secrétariat des deux zones. En dépit de tout, je refusai, car après une présence en France de plus d'un an et demi, j'avais rencontré trop de gens et savais trop de choses. Comme nous disions à l'époque : j'étais « brûlé ». Ce départ m'occasionna un long remords, tant je mesurais les difficultés affrontées par cet homme seul. Finalement, Bingen fut arrêté à la gare de Clermont-Ferrand le 11 mai 1944. Il se suicida dans les locaux de la Gestapo en avalant sa capsule de cyanure. Ma présence aurait-elle pu le sauver ? J'envie les hommes qui n'ont jamais eu à répondre à ce genre de question.

La découverte de la peinture

Lorsque j'étais enfant, ma mère et mon beau-père ne m'ont jamais emmené dans les musées. La seule fois où mon père avait voulu profiter d'un séjour à Paris, entre deux trains, pour me conduire au Louvre, il était fermé : c'était un mardi ! Je ne connaissais que quelques rares tableaux pour les avoir vus dans un fascicule de Louis Hourticq chez Hachette, et ils étaient en tout petit format et surtout en noir et blanc. J'étais complètement ignorant de l'art en général, et de l'art moderne en particulier, et n'avais aucune curiosité picturale avant de rencontrer Rex*.

Lors de notre première entrevue, celui-ci me dit : « Officiellement, je suis artiste peintre. Si nous sommes arrêtés dans la rue, n'oubliez pas que vous êtes le secrétaire d'un peintre. Il nous faut faire très attention à nos conversations. Comme il est dangereux de parler de ma mission dans les lieux publics, au restaurant ou dans la rue, ne vous étonnez pas si brusquement je change de sujet et que je vous parle de peinture. »

Je ne compris pas tout de suite ce qu'il voulait dire, puisque la peinture n'avait jamais été un objet de conversation dans ma famille. En tout cas, nous avons toujours respecté cette précaution : dans la rue, Moulin s'interrompait tout d'un coup pour me parler d'artistes et d'œuvres dont j'ignorais tout : Cézanne, Picasso, Matisse. À Paris, ses explications trouvaient quelques illustrations lorsque nous passions devant les galeries de la rive droite ou de la rive gauche. C'est à cette occasion qu'il me conseilla de visiter ces galeries en son absence — ce que, faute de temps, je ne fis jamais, hélas. Les connaissances de Rex* sur le sujet étaient à tous égards exceptionnelles : dans la France des années 1930, seule une minorité d'amateurs se passionnaient pour l'art moderne[1].

C'est ainsi que, de la manière la plus étrange, j'appris des rudiments d'histoire de la peinture.

Le soir de la première réunion du Conseil de la Résistance, Rex* m'offrit l'*Histoire de l'art contemporain* de Christian Zervos, gros livre en noir et blanc paru en 1938. Toutes les œuvres qu'il reproduisait me parurent loufoques. Malgré tout, je fus profondément touché de ce cadeau de mon patron, qui m'offrait ainsi une première expérience de l'art moderne. Ce livre, que j'ai tant de fois regardé, occupe toujours une place de choix dans ma bibliothèque, et plus encore dans mon cœur.

Parfois, Rex* me disait qu'il m'emmènerait à la Libération voir tel ou tel musée qui lui était cher. L'un d'eux l'avait particulièrement frappé, le Prado, à Madrid. Désireux de ne pas paraître aussi inculte qu'il le croyait, j'essayais de raccrocher un nom à ce qu'il me disait. Ainsi, lorsqu'il me parla du Prado, je lui répliquai : « Ah oui, là où se trouve la *Maja desnuda* de Goya ! » Surpris, il me regarda : « Vous y êtes allé ? » Je rougis. « Non, mais mon père était philatéliste et, en 1938, la République espagnole a publié deux grands timbres que mon père avait achetés : l'un représentait *La Femme nue*, l'autre, *La Femme habillée* de Goya. »

1. Rex* ne s'intéressait pas à la musique, et l'idée même d'un concert l'ennuyait. En revanche, la littérature et la peinture avaient pris place au centre de sa vie. Il avait d'ailleurs convaincu Bidault que Paul Valéry, dont il connaissait des poèmes entiers par cœur, devait devenir président de la République à la Libération.

En 1944, à Madrid, je me suis rendu au Prado, qui, pour moi, était empreint de son souvenir. J'ignorais ce qu'était un musée et plus encore un tableau : ce fut le choc de ma vie. Arrivé le matin à l'ouverture, j'y ai passé l'intégralité de la journée. C'était au début du mois de mai. Il y régnait un incroyable silence, car j'étais pratiquement seul. Je revins le lendemain : mon plaisir fut identique. Curieusement, le barrage de l'ignorance s'était brisé d'un coup. Totalement submergé par le plaisir de l'art, je découvrais subitement que, si quelque chose avait un sens dans la « vraie » vie, c'était cela !

Je me souviens également de ma tristesse à la sortie du musée en découvrant les minuscules reproductions que l'on proposait aux visiteurs : j'espérais naïvement les retrouver grandeur nature et emporter ces « tableaux » avec moi. Dès mon arrivée à Londres, quelques jours plus tard, je me suis précipité à Charing Cross où se trouvaient les marchands de livres d'art. Je cherchais des reproductions des œuvres que j'avais contemplées : il n'en existait pas. Heureusement, j'y ai découvert d'autres artistes : Degas, Monet, Cézanne. Lorsque, pour la première fois de mon existence, j'ai loué une chambre à Londres, j'ai punaisé sur les murs ces reproductions de tableaux.

C'est comme cela que ma seconde vie a commencé, dans la découverte, par hasard, que certains objets pouvaient m'apporter un plaisir plus intense et durable que les êtres humains...

CHAPITRE V

La dernière page de l'histoire de France

Les livres d'histoire, lorsqu'ils évoquent le déclin d'un empire ou la fin d'une civilisation, se contentent de formules aussi générales que creuses : « la puissance espagnole déclina dans le courant du XVIIe siècle », « l'Empire carolingien entre en décadence à la fin du IXe siècle ». Rares sont les livres qui parviennent à restituer l'expérience concrète, pour ainsi dire « au ras du sol », qui fut celle des habitants de ces civilisations disparues. À quoi cela pouvait-il ressembler de vivre les derniers temps de l'Empire byzantin ? En se rendant aux thermes, les Romains réalisaient-ils que tout un monde, leur monde, était en train de sombrer ?

Depuis ma modeste position, j'ai le sentiment d'avoir assisté durant la guerre à l'effacement — terme que je préfère à celui de déclin — de la France.

Un jeune homme de vingt ans éprouverait sans doute beaucoup de difficultés à se représenter ce qu'était la France pour l'enfant que j'étais. Très ignorant du monde extérieur, je vivais dans la conviction que mon pays était le phare de l'univers ! L'Amérique n'existait pas encore, l'Angleterre était l'ennemie héréditaire et nous venions de vaincre l'Allemagne. L'armée française était la première du monde, et les cartes accrochées sur les murs de nos écoles nous rappelaient quotidiennement la grandeur de notre empire. Songeons aussi au Paris des peintres des années 1920, que les Américains découvraient stupéfaits : le rayonnement de la culture française semblait extraordinaire et universel...

À plus de soixante-dix ans de distance, j'ai la conviction que le destin de la France a basculé le 17 juin 1940. En acceptant l'armistice, elle s'est perdue pour devenir ce qu'elle est aujourd'hui : pas grand-chose. En ce sens, la Résistance fut l'épilogue d'une histoire nationale dont le dernier épisode fut la proclamation de l'armistice par le maréchal Pétain. Par cet acte honteux, il signait l'arrêt de mort de la France et encourageait les Français à s'abandonner au vainqueur en les persuadant qu'une bataille perdue en métropole était définitive. Pourtant, notre marine était encore puissante, nous disposions d'une aviation non négligeable et des territoires de l'empire pour nous replier. Nous aurions certainement pu résister deux ans avant que les Américains n'entrent en guerre et continuer le combat en Algérie. Ainsi aurions-nous pu demeurer fidèles à nos alliés et vivre dans l'honneur.

Solitude des résistants

La trahison de Pétain n'explique pas à elle seule l'isolement qui fut le nôtre au combat : l'effacement de la France fut avant tout celui des Français, qui, dans leur quasi-totalité, avaient accepté la défaite.

J'ai quitté le pays parce que je croyais au contraire à un idéal patriotique. Lorsque la France est vaincue, ses enfants n'ont qu'un seul devoir : la venger. Je ne pouvais imaginer que nous ne constituions parmi les Français qu'une minorité invisible. Si j'en crois mon Journal, ce n'est qu'au printemps de 1941 que je pris conscience que nous étions très peu nombreux autour du général de Gaulle et qu'en France l'action militaire de la Résistance était inexistante. À Londres, les discours du Général nous rassuraient. Il utilisait l'argument façonné par Maurras dissociant le pays « réel », qui nous soutenait, du pays « légal », qui avait trahi la France. Nous représentions le pays « réel », et, en dernier ressort, nous serions les vainqueurs. Dans un premier temps, le ralliement de territoires importants de l'empire sembla confirmer cette vision optimiste.

En réalité, ce n'est qu'à l'occasion de ma mission en France — où je fus parachuté à la fin du mois de juillet 1942 — que j'ai pleinement constaté l'effondrement moral de l'ensemble du pays. Après deux ans d'absence, je compris cet été-là que les Français ne voulaient plus se battre. La France du général de Gaulle était le rêve d'un géant pour un peuple de nains qui n'aspirait plus qu'à la paix !

Peu de temps après mon parachutage, je suis allé voir François de Menthon à Annecy. Dans le train, les enfants partaient en vacances avec leurs parents... L'été 1942 fut un très bel été, et j'entends encore, dans mon compartiment, les gens intarissables sur tous les sujets possibles, sauf la guerre. Pour moi, c'était incompréhensible. Le contraste était d'autant plus saisissant que j'arrivais d'un pays en guerre : à Londres, tout le monde était en uniforme, les soldats circulaient en ville avec leur masque à gaz sur l'épaule ; à la nuit tombante, tout était plongé dans le noir, et nul n'avait le droit d'éclairer son domicile à l'extérieur. Tous, nous voyions ce qu'était un peuple organisé, fier de lui et sûr de sa force. Mes camarades parachutés et moi-même étions accablés de constater qu'en France, au contraire, tous semblaient soumis.

Durant ma mission à Lyon puis à Paris, j'eus l'impression de ne cesser de revivre cette scène du train d'Annecy. En 1944, attendant mon départ de Paris, lorsque j'avais « décroché » pour fuir la police qui me traquait, j'ai observé que, dans de nombreux milieux, les réjouissances d'avant-guerre continuaient, à peine plus discrètes à cause de la guerre. Les séances de l'Académie française se tenaient chaque jeudi après-midi, les théâtres et les concerts étaient pleins. À la terrasse des cafés, les jolies Françaises accompagnaient les Boches…

Cette réalité vécue durant la guerre est confirmée par les données dont nous disposons aujourd'hui sur le nombre de combattants. Ces chiffres éloquents méritent d'être rappelés.

Le 14-Juillet 1940, l'armée du général de Gaulle était composée de 650 collégiens, 750 marins et 900 légionnaires, qui, seuls ce jour-là, lui présentèrent les armes lorsqu'il déposa une gerbe au pied de la statue de Foch ! Au même moment, parmi les seize mille membres de l'armée de Norvège qui étaient arrivés à Londres, la quasi-totalité (au lieu de rester combattre avec les Français Libres) retourna en France par petits groupes. Le dernier convoi rallia Toulon à la fin de novembre 1940. Trois ans plus tard, lors de leur fusion en Algérie avec l'armée d'armistice, les troupes de De Gaulle ne comprenaient que 53 000 hommes, dont 30 000 étaient des hommes des colonies et seulement 23 000 des combattants de métropole : ce fut l'apogée de l'armée de la France Libre…

Pour prendre le pouls de la France durant la guerre, il ne faut pas juger de la foule qui, le 27 août 1944, regarda le général de Gaulle descendre les Champs-Élysées. Pour dénombrer les résistants sur le sol français, il faut partir des décomptes des ministères réalisés en 1945 : il y aurait eu 300 000 résistants, dont 100 000 furent faits prisonniers et 30 000 trouvèrent la mort. Mais ce décompte ne reflète pas, tant s'en faut, la réalité de ce que fut la Résistance de 1940 à 1943, trois années de dévouement inouï de la part de quelques milliers d'hommes et de femmes. Mais ce n'est qu'à partir de janvier 1944 qu'elle commença à représenter quelque chose.

Dans le cadre de ma mission, je pus moi-même constater sa faiblesse dérisoire. Lorsqu'il m'a fallu constituer l'équipe du secrétariat de Rex*, à Lyon, trouver un bureau ou une chambre, j'ai dû me rendre à l'évidence : les mouvements de Résistance, malgré leurs promesses, ne pouvaient rien nous offrir. La raison à cela était simple : en dépit des rodomontades de leurs chefs, leurs moyens étaient dérisoires, car leur combat n'intéressait pas les Français. De la même façon, à Paris, nous demandions souvent à des connaissances plus ou moins proches de loger des agents qui arrivaient de Londres. Dans le meilleur des cas, ils acceptaient pour une nuit, durant laquelle ils ne dormaient pas, puis, le lendemain matin, nous demandaient de ne plus revenir…

D'un côté, les mouvements surestimaient leur force ; d'un autre côté, à Londres, nous surestimions la Résistance. Nous vivions tous dans la fiction que les Français voulaient combattre l'occupant. C'est d'ailleurs parce qu'il avait compris la faiblesse des mouvements que Rex* avait décidé d'intégrer les syndicats et les anciens partis au Conseil de la Résistance. Seuls, les mouvements n'auraient représenté que trop peu de Français, et la France combattante, menée par le général de Gaulle, n'aurait pas paru crédible aux Alliés.

En tout cas, il est faux de prétendre, comme l'ont fait les communistes et les gaullistes, que la France ait combattu avec nous. Faux de dire que les résistants étaient en France comme des « poissons dans l'eau » ! Les dénonciations qui provoquaient des hécatombes, la traque de la milice qui anéantissait les forces combattantes : voilà la vérité que chaque Français doit assumer pour lui-même.

La paix revenue confirma que nous étions inexistants. Les hommes de Londres, en particulier, étaient considérés comme des hurluberlus. Lorsque, après la guerre, j'ai retrouvé d'anciens camarades de Bordeaux, une question revenait comme une ritournelle : « Qu'est-ce que tu fichais à Londres ? » Sans doute trahissait-elle un vague sentiment de culpabilité, mais elle témoignait surtout d'un grand mépris à mon égard. Tous les jeunes hommes de mon âge avaient continué leurs études, commencé leur vie, ce dont la guerre nous avait privés. Certains avaient même particulièrement bien réussi.

De ce point de vue, il faut admettre que deux processus, contradictoires en apparence, ont coexisté dans la France d'après-guerre. D'une part, gaullistes et communistes ont répandu la légende d'une résistance unanime du peuple français, et je dois dire que cette légende fut pour beaucoup écrasante. D'autre part, ceux qui avaient réellement combattu ressentaient une immense solitude, comme si le sens de leur engagement et le sacrifice de tant de leurs camarades n'étaient pas « reconnus ». Rares furent les authentiques résistants à réussir une carrière politique dans la France d'après-guerre, alors que ceux qui avaient contribué au désastre retrouvèrent rapidement les premières places. Lorsque Édouard Herriot, qui incarnait à mes yeux ce que la classe politique des années 1930 avait produit de pire, retrouva la présidence de la Chambre, en 1947, j'eus le sentiment que l'engagement de mes camarades d'Angleterre n'avait servi à rien.

Résistance 2013

Depuis près de vingt-cinq ans, j'observe l'évolution des discours sur la Résistance. À la fin des années 1980, mon travail d'historien avait rencontré le succès, alimenté par la controverse sur la préface de trois cents pages du premier volume de *L'Inconnu du Panthéon.* Mon travail faisait alors débat et suscitait des discussions passionnées. Le souvenir de la guerre était encore présent à la mémoire des Français, et de grandes figures de la Résistance occupaient une position éminente. Dix ans plus tard, *La République des catacombes*, en dépit de mises au point plus précises et de nouvelles révélations, suscita à sa parution l'intérêt des historiens, mais ne se vendit qu'à un peu plus de dix mille exemplaires. Entre ces deux dates, la Résistance avait transité de la mémoire à l'histoire. La guerre n'était plus au cœur des passions collectives. Cette période fut aussi celle des Baynac, Chauvy, Wolton, et il était devenu possible d'écrire n'importe quoi.

Le regain d'intérêt que j'observe depuis quelques années pour ce lointain passé tient à mon sens à une raison simple : les témoins disparaissent et l'on souhaite recueillir leur parole quand il est encore temps. Cette réalité, aussi triste qu'inévitable, a réorienté en grande partie le sens de mon travail. Alors que, dans mes premiers ouvrages, j'aspirais à défendre la mémoire de Jean Moulin, c'est peu à peu le souvenir de l'ensemble de mes camarades, dont la plupart sont morts aujourd'hui, qui m'a incité à poursuivre l'entreprise.

Moi qui ai si longtemps déserté les cérémonies publiques, j'assiste aujourd'hui régulièrement, en tant que membre du Conseil de l'ordre des Compagnons de la Libération — qui ne comprend plus que vingt-trois membres à l'heure où j'écris ces lignes —, aux commémorations du mont Valérien. Pour rien au monde je n'arriverais en retard à l'une de ces solennités. Parce que ma génération s'efface, je veux être fidèle au souvenir de mes camarades et témoigner jusqu'à la limite de mes forces de ce que furent leur solitude et leur martyre. Quand la flamme se transmettait grâce à l'armée des survivants, ils n'avaient pas besoin de moi pour déposer des couronnes au pied des monuments. Un jour prochain, le dernier Compagnon survivant, peut-être moi, sera obligé de porter seul la couronne parce qu'il n'y aura plus personne pour l'accompagner… C'est en ce sens que j'accepte aussi les décorations : elles sont à mes yeux des récompenses collectives. Je les reçois — mais ne les porte pas — parce qu'elles honorent à travers moi mes camarades de 1940.

Dans la mesure de mes moyens, je participe à de nombreuses réunions publiques. Les rencontres avec les jeunes me procurent le plus de joie : ne sachant rien de la France Libre, ils posent des questions naïves, auxquelles j'essaie de répondre du mieux que je peux. Je tente de leur transmettre cette idée simple que, dans une vie, il existe des moments où il faut choisir son destin et que ce choix peut vous engager tout entier. Je leur explique aussi qu'à mes yeux le seul engagement qui honore un homme est celui de la liberté…

✧

L'écriture d'*Alias Caracalla* a correspondu à l'automne de ma vie. La chance a permis que je publie ces Mémoires de mon vivant. Raconter son existence, c'est la juger. Du point de vue des hommes, il est bien des manières de réussir ou de rater sa vie. Du point de vue de Dieu, comment le savoir avant la fin ?

Je demeure persuadé d'une chose : mon engagement dans la France Libre et, quarante ans plus tard, les trente années que j'ai consacrées à l'écriture de cette histoire sont les deux périodes de mon passé que je recommencerais à l'identique si j'en avais la possibilité.

Entre ces deux périodes, j'ai dédié l'essentiel de mon temps à la passion de l'art contemporain. Aujourd'hui, je crois qu'en dehors des joies qu'il procure l'art n'est pas autre chose qu'un plaisir égoïste, incapable de répondre aux cris de millions d'esclaves et des peuples opprimés.

Une vie n'est que ce qu'elle fut. Lorsqu'on découvre la vérité, il est trop tard pour recommencer…

DU MÊME AUTEUR

JEAN MOULIN ET LE CONSEIL NATIONAL DE LA RÉSISTANCE, *Éditions du CNRS, 1983.*

JEAN MOULIN. L'INCONNU DU PANTHÉON, *Éditions Jean-Claude Lattès :*
I. UNE AMBITION POUR LA RÉPUBLIQUE (1899-1936), *1989.*
II. LE CHOIX D'UN DESTIN (1936-1940), *1989.*
III. DE GAULLE CAPITALE DE LA RÉSISTANCE (1940-1942), *1993.*

JEAN MOULIN. LA RÉPUBLIQUE DES CATACOMBES, *Gallimard, 1999.*

ALIAS CARACALLA, *Gallimard, 2009 (prix Renaudot de l'essai).*

Composé par Nord Compo.
Achevé d'imprimer
sur Roto-Page
par l'Imprimerie Floch
à Mayenne, le 6 mai 2013.
Dépôt légal : mai 2013.
Numéro d'imprimeur : 84833.

ISBN 978-2-07-014184-5 / Imprimé en France.

253735